# Investir dans les NFT et crypto-monnaies :

# Tout ce que vous devez savoir sur l'investissement dans Nft

# TABLE DES MATIÈRES

Chapitre 1 : Que sont les NFT ? Une brève histoire des NFT et comment vous pouvez en bénéficier

Chapitre 2 : Que sont les jetons Erc-721 ?

# Chapitre 3: Plus d'informations sur les capacités et les utilisations de Nfts

# Chapitre 4 : L'économie du NFT

# Chapitre 5 : Crypto et Ethereum

Chapitre 6 : Les crypto-monnaies sont-elles sûres ?

Chapitre 7 : Les yeux de l'aigle

Chapitre 8 : Comment créer un NFT gratuitement

# Chapitre 9: Erreurs courantes commises par Nft dont vous devez vous méfier

# Chapitre 10 : Que faire pour localiser des NFT de haute qualité

# Chapitre 11 : Un nouvel avenir pour les Nft - Potentiel de croissance des Nft

# Chapitre 12 : Avantages des NFT

# Chapitre 13: Les inconvénients des NFT et de la crypto-monnaie

# Chapitre 14 : Vendre et fabriquer du NFT

(Application et comment gagner de l'argent avec des jetons non fongibles)

©2022 Tout droit réservé .

# Chapitre 1 : Que sont les NFT ? Une brève histoire des NFT et comment vous pouvez en bénéficier

## Qu'est-ce que le NFTS ?

NFTs est une abréviation pour les jetons non fongibles. C'est un type d'actif numérique qui garantit les droits de propriété d'un objet ou d'un groupe d'éléments qui est stocké sur des blockchains comme Ethereum ou Solana. Parce que les NFT ne peuvent pas être dupliqués ou modifiés, ils constituent le meilleur choix pour suivre les droits sur des biens non reproductibles, par exemple, des images ou des parcelles de terrain.

Par exemple, un dollar pourrait être échangé contre n'importe quel autre dollar. Il en va de même pour les crypto-monnaies comme le bitcoin ou l'Ethereum. Cependant, un NFT Au contraire, fonctionne différemment. Sa valeur est déterminée par sa rareté et la preuve de son origine, semblable à un timbre-poste peu commun ou à un journal intime, ou une carte Topps #311 Mickey Mantle de 1952.

En principe, tout peut être créé en tant que jeton non fongible (y compris les têtes de bloc et les films plus courts de CryptoPunks, les noms de domaine ainsi que la ferme de cannabis virtuelle). Cependant, l'essentiel de l'intérêt récent des investisseurs s'est concentré sur le sport et le numérique, des objets de collection d'art ainsi que des jeux vidéo dans lesquels les joueurs peuvent concevoir et contrôler des mondes alternatifs souvent désignés sous la forme de "métaverses").

## Que sont les jetons non fongibles ?

Les NFT ne sont pas fongibles. (NFT) peuvent être décrits comme des jetons cryptographiquement extraordinaires qui sont liés à du contenu numérique (et parfois physique).

Ils servent également de preuve de propriété. Ils sont aussi appelés actifs numériques qui ont la capacité d'identifier les informations stockées dans des contrats intelligents.

C'est la raison pour laquelle il existe une caractéristique distincte des différents NFT et, à leur tour, ils ne peuvent pas être remplacés de manière directe par un jeton différent. Étant donné que tous les NFT sont identiques et qu'ils ne peuvent donc pas être échangés de la même manière.

Les billets sont, cependant, ils peuvent être échangés l'un contre l'autre; S'ils sont de valeur similaire, la personne qui les détient ne fait aucune distinction entre, disons, un billet d'un dollar et l'autre.

Le bitcoin est une monnaie qui peut être utilisée de différentes manières. Il est possible d'envoyer un Bitcoin à quelqu'un d'autre, et il pourra alors vous le renvoyer. Au final, vous posséderez toujours un Bitcoin. (Bien sûr, le prix du Bitcoin peut fluctuer pendant l'échange.) Étant donné que les jetons fongibles sont divisibles, ils peuvent être utilisés pour transférer ou recevoir des quantités moindres qu'un Bitcoin qui est mesuré en satoshis (pensez aux satoshis en termes de cents de la valeur d'un Bitcoin).

Si quelque chose est fongible, il peut être remplacé. Le pétrole est fongible puisque chaque baril est unique, cependant, une carte de recrue unique de Mickey Mantle n'est pas une carte de baseball typique. Il est exclusif ou non fongible.

Lorsque des actifs qui ne sont pas fongibles sont tokenisés, les détails précieux sur l'actif sont numérisés à l'aide du jeton.

Les jetons sont conservés dans des portefeuilles avec leur propre adresse unique. Les identifiants de jeton sont liés aux adresses de portefeuille dans la blockchain qui est une vaste base de données publique ouverte qui permet à quiconque de vérifier la propriété numérique.

Cela signifie que les versions contrefaites de tout NFT ne sont pas acceptées comme authentiques ou originales.

Les jetons non fongibles ne sont généralement pas divisibles. Ceci est similaire à la façon dont vous n'êtes pas en mesure d'envoyer à une personne une partie ou un morceau de billets de concert. Une partie d'un billet pour un spectacle sera inutile en elle-même et ne pourra être échangé.

Pourtant, certains investisseurs ont récemment expérimenté le concept de NFT fractionnés mais ils sont dans une zone grise juridique et peuvent être qualifiés de titres.

Les premiers jetons non fongibles à sortir étaient des objets de collection CryptoKitties. Chaque chaton numérique basé sur la technologie blockchain est unique. Si vous donnez un CryptoKitty à quelqu'un et que vous en recevez un d'une autre personne, celui que vous recevrez sera totalement différent de celui que vous avez donné. Le but du jeu est de rassembler différents chatons numériques.

Les données uniques d'une monnaie non fongible comme le CryptoKitty, sont enregistrées dans son contrat, et enregistrées en permanence sur la Blockchain du token.

Les CryptoKitties ont initialement commencé comme des jetons ERC-721 sur la blockchain Ethereum. Cependant, ils ont depuis migré vers leur propre blockchain, Flow, pour les rendre plus accessibles aux novices en crypto-monnaie.

## Une brève histoire de NFTS

# Qui a inventé les NFT ? Une histoire sur l'homme qui a inventé le premier NFT

D'où vient cette tendance technologique ? Le 3 mai 2014, l'histoire des NFT et de la personne à l'origine de leur création, Kevin McCoy, a commencé. McCoy a inventé son jeton non fongible "Quantum" bien avant que le marché de l'art de la crypto-monnaie ne commence à se développer.

# Quelle est l'histoire avec Quantum?

Quantum de Kevin McCoy est une image pixélisée d'un octogone rempli d'arcs, de cercles ou d'autres formes partageant la même zone centrale, avec des formes plus grandes qui entourent les plus petites, puis clignotent de manière hypnotique dans des couleurs vives. Cette œuvre unique "Quantum" (2014-2021) est actuellement mise aux enchères à 7 millions de dollars.

McCoy est un exceptionnel. Sa femme et son mari, Jennifer, se sont fait un nom en tant qu'artistes numériques de premier plan au fil du temps. Cette le concept NFT est ancré dans le monde de l'art. il est né d'une longue histoire d'artistes explorant les possibilités des technologies.

Leur travail a souvent été acheté par des collectionneurs d'art enthousiastes. Cependant, McCoy préfère vendre son travail lors d'une exposition ou en tête-à-tête, plutôt que de participer à des guerres d'enchères lors d'enchères publiques. Leur pièce "Every Shot Each

Episode" a été exposée au Metropolitan Museum of Art.

## Qu'est-ce que le système NFTS ?

Les jetons comme les jetons Bitcoin ou ERC-20 basés sur Ethereum ne sont pas fongibles. ERC-721 est le jeton d'Ethereum non fongible standard, utilisé par des plateformes comme CryptoKitties ainsi que Decentraland.

Des jetons non fongibles peuvent également être créés à l'aide d'outils de jetons non fongibles et d'une prise en charge sur d'autres chaînes de blocs compatibles avec les contrats intelligents.

Alors qu'Ethereum est la première blockchain à connaître une large adoption de l'écosystème de la blockchain, avec des blockchains comme Solana, NEO, Tezos, EOS, Flow, Secret Network et TRON prennent en charge les NFT.

Les contrats intelligents permettent l'inclusion de caractéristiques plus spécifiques telles que les métadonnées riches du nom du propriétaire, les fichiers sécurisés.

La capacité des jetons non fongibles à prouver de manière permanente la propriété des actifs numériques est une étape majeure dans un monde qui devient de plus en plus numérique.

Il est possible d'imaginer les promesses de la blockchain de sécurité sécurisée et sans confiance s'appliquant à l'échange ou à la propriété de presque tous les actifs.

Des protocoles pour les jetons non fongibles et une technologie de contrat intelligent sont toujours en cours de développement, tout comme c'est le cas avec la blockchain jusqu'à présent. Cependant, le développement de plates-formes et d'applications décentralisées pour gérer et développer des jetons non fongibles est un problème.

Il y a aussi le problème de la création d'une norme industrielle. Le développement de la blockchain est un peu dispersé, avec de nombreuses personnes travaillant sur leurs propres projets. Pour réussir, l'unification des protocoles et l'interopérabilité pourraient être nécessaires.

## Qu'est-ce qui rend NFTS si spécial ? A quoi peuvent-ils servir ?

Les jetons non fongibles sont uniques dans leurs caractéristiques et sont généralement liés à un actif. Ils sont utilisés pour prouver la propriété d'objets numériques tels que des skins de jeu sur des actifs physiques.

D'autres jetons, tels que les billets et les pièces, peuvent être fongibles. Et lorsqu'ils sont échangés, ils ont les mêmes caractéristiques et la même valeur. Ce sont les mêmes

Les jetons non fongibles sont un excellent moyen de représenter les objets de collection numériques, tels que CryptoKitties, NBA Top Shot et Sorare, en plus des actifs numériques qui doivent être distingués les uns des autres pour montrer leur valeur ou leur rareté.

Ils peuvent servir de symbole pour n'importe quoi, des parcelles de terrain virtuelles aux œuvres d'art en passant par les certificats de propriété. Ils sont également échangés et achetés par le biais d'échanges NFT.

Alors que les marchés dédiés tels que OpenSea et Rarible étaient auparavant les acteurs dominants du marché, certains des échanges de crypto-monnaie les plus réputés ont récemment commencé à s'impliquer.

Binance a annoncé le marché NFT le 20 juin 2021. Coinbase a annoncé son intention de lancer son marché NFT privé au mois d'octobre 2021. Le marché a vu plus de 1,4 million de clients qui se sont inscrits sur la liste d'attente dans les 48 premières heures.

## Qui est la personne qui peut créer NFTS ?

Un NFT peut être créé par n'importe qui, des entrepreneurs aux artistes, des entreprises, des cinéastes passionnés d'art, des auteurs, des stars des médias sociaux ainsi que des gens ordinaires comme nous. Il n'y a aucune condition préalable d'expérience ou d'expérience requise, et n'importe qui peut créer un NFT dans le cas où il est en mesure de prouver qu'il a écrit ou possède légalement le contenu.

## Chapitre 2 : Que sont les jetons Erc-721 ?

Étant donné que l'interface a été initialement mise à disposition sous la forme de l'EIP en Septembre 2017, les jetons ERC721, également appelés NFT, également connus sous le nom de jetons non fongibles (NFT), sont un sujet qui a suscité l'intérêt des développeurs. Ils permettent aux développeurs de représenter la propriété de tout type d'informations, élargissant ainsi la gamme de données pouvant être utilisées comme jetons dans Ethereum. Chaîne de blocs Ethereum.

Les jetons non fongibles se distinguent par le fait que chacun est lié à un identifiant unique donnant à chaque jeton une identité unique à son propriétaire. Ceci est assez différent des jetons construits sur la norme de jeton ERC20, un jeton fongible, ce qui signifie que chaque jeton peut être interchangeable. Les développeurs peuvent créer n'importe quel jeton dans un seul contrat basé sur un jeton standard ERC20. Mais chaque jeton du jeton ERC721 standard se voit attribuer une signification individuelle.

ERC721 est une interface de jeton standard non fongible. Cela implique que les jetons ERC721 ne sont qu'un des sous-ensembles de jetons Ethereum.

# Comprendre les normes ERC721

La norme ERC721, comme d'autres normes de jetons avant elle, définit les directives générales que tous les jetons du réseau Ethereum doivent suivre pour atteindre les résultats attendus. Les normes de jeton définissent généralement les attributs suivants d'un jeton individuel :

Comment déterminez-vous la propriété ?

Quel est le processus de création de jetons ?

Quel est le processus de transfert de jetons ?


Comment les jetons sont-ils brûlés ?


ERC721 est vital pour diverses raisons, notamment les nombreuses utilisations qu'il permet et sa capacité à s'intégrer de manière transparente dans l'infrastructure de l'écosystème. Les jetons non fongibles sont plus importants en raison du fait qu'ils ont une interface établie que les opérateurs de portefeuille et d'échange peuvent facilement appliquer. L'intégration dans l'écosystème rend les actifs non fongibles plus liquides et aide à la découverte des prix et permet que tout le monde possède les mêmes jetons partout dans le monde.

## Jeux ERC721 utilisant ERC721

Les jetons non fongibles ont conduit à de nouveaux types d'objets numériques à collectionner ainsi qu'à une toute nouvelle infrastructure de jeu basée sur la blockchain. De nombreux développeurs ont mélangé les deux et l'un d'entre eux, CryptoKitties, est devenu un succès instantané.

CryptoKitties a développé le cas d'utilisation des objets de collection et a prouvé que les gens s'intéressent aux choses rares sur le plan numérique. Les propriétaires doivent être sûrs que leur propriété ne sera pas dupliquée ou prise en raison du fait que CryptoKitties utilise un jeton standard ERC721 et fait partie du réseau Ethereum. La norme de jeton ERC721 a été utilisée par de nombreux jeux pour créer leurs plates-formes. Decentraland tokenise chaque parcelle de terrain virtuel afin de créer des jetons uniques, qui permettent aux joueurs d'acheter des biens immobiliers virtuels rares dans l'univers. Les jetons qui sont non fongibles peuvent ouvrir d'énormes quantités de liquidités d'actifs de jeu et permettre aux joueurs de profiter d'expériences distinctes.

## Qu'est-ce que l'ERC1155 ?

Le réseau Ethereum ERC-1155 est une norme de jeton développée par Enjin qui est capable de créer des propriétés fonctionnelles (devises) ainsi que non fongibles (animaux de compagnie numériques, cartes et skins de jeu). Les jetons ERC-1155 sont sécurisés, échangeables et sécurisés en raison de leur connexion au réseau Ethereum. Visitez EIP 1155 pour en savoir plus sur les normes ERC-1155.

ERC-1155 est une méthode innovante de création de jetons qui permet des transactions et des regroupements de transactions plus efficaces, entraînant des économies de coûts. La norme pour les jetons permet de développer des jetons utilitaires (comme $BNB et $BAT) ainsi que d'autres non fongibles (comme CryptoKitties).

ERC-1155 a des optimisations qui permettre aux transactions d'être plus sûres et efficaces. Le coût des jetons de trading peut être réduit lorsque les transactions sont regroupées. ERC-1155 a été développé à partir de travaux antérieurs comme ERC-20 (jetons utilitaires) et ERC-721 (jetons de sécurité) (objets de collection uniques rares qui ne sont disponibles que pendant une courte période).

Quels sont les chatons crypto?

Les joueurs peuvent adopter, former et échanger des chats virtuels dans Cryptokitties qui est un jeu virtuel. Axiom Zen, une société de blockchain dont le siège est à Vancouver, a développé le jeu. Mais, la chose la plus importante à retenir est que c'est la première fois que le DAPP est utilisé pour jouer à des jeux de loisirs et de loisirs.

Les cryptokitties se vendent dans les rayons. Les kits de cryptographie sont vendus à un prix de plus d'un million de dollars. Il a été rapporté que des personnes gagnaient plus en échangeant des crypto-monnaies qu'en investissant de l'argent dans un IRA !

Arrière plan les CryptoKitties sont une monnaie non fongible (NFT) qui est unique dans chaque CryptoKitty et fonctionne sur le principal réseau de blockchain d'Ethereum. Chaque CryptoKitty est unique et appartient à l'utilisateur et est soutenu par la Blockchain. Sa valeur fluctue en fonction du marché. Même les développeurs de jeux ne peuvent pas répliquer ou déplacer les CryptoKitties avec le consentement de l'utilisateur. Les utilisateurs peuvent interagir via leurs CryptoKitties en les achetant, en les vendant ou en les reproduisant. L'œuvre d'art CryptoKitty, d'autre part, ne fait pas partie de la blockchain mais appartient à Axiom Zen. L'illustration a été mise à disposition sous une nouvelle licence "Nifty" qui permet aux utilisateurs d'utiliser l'image de CryptoKitty de manière limitée.

Le 19 octobre 2017 à l'ETH Waterloo, un hackathon Ethereum, une version d'essai de CryptoKitties a été lancé. Genesis a été le premier et l'animal de compagnie le plus cher a été vendu aux enchères au public pour 246,9255 ETH (117 712 $ US) le 2 décembre 2017. Les chats virtuels peuvent être croisés, et chacun est unique et possède un génome de 256 bits qui contient des traits et de l'ADN qui peuvent être transmis à la progéniture. Certains traits sont transmis entre les parents et leurs enfants. La forme, le motif, la forme des yeux, les poils, la couleur d'arrière-plan mettent en valeur la couleur et la couleur des yeux, la possibilité de sauvagerie, de mise en "prestige" et même de secret ne sont que quelques-uns des attributs que l'on peut trouver chez chaque chat. D'autres traits, comme le temps de refroidissement, sont des caractéristiques de la "génération" de la progéniture, qui est supérieure à la génération la plus élevée des parents.

CryptoKitties a été scindée en sa propre société, Dapper Labs, le 20 mars 2018, et a levé 12 millions auprès de grands capital-risqueurs ainsi que d'investisseurs providentiels.  Union Square Ventures à New York et Andreessen Horowitz à San Francisco étaient les principaux investisseurs de la ronde.

Un CryptoKitty a été vendu aux enchères pour 140 000 $ le 12 mai 2018. Stephen Curry, un professionnel américain. Le basketteur a été le premier CryptoKitty de marque célèbre qui a été dévoilé au nom de CryptoKitties en mai de cette année. Curry a reçu trois CryptoKitties qui comportaient des images exclusives pour faire partie du package, le premier que Curry a vendu aux enchères. Il a ensuite été arrêté par la société, qui a affirmé que c'était parce que Stephen Curry n'était pas aussi présent sur le marché qu'ils le pensaient. Concernant tous les objets de collection Stephen Curry, la société a ensuite été poursuivie pour vol de secrets commerciaux. Le tribunal a statué en faveur de l'entreprise, déclarant : "Les preuves montrent que le défendeur et non le demandeur est celui qui a eu l'idée d'accorder aux collectionneurs numériques une licence avec les ressemblances de célébrités en premier. ..."

Avec 3,2 millions de transactions via leurs contrats intelligents, CryptoKitties a franchi la barre du million de chats en octobre. Dapper Labs, qui a développé CryptoKitties après sa séparation d'Axiom Zen, a pu lever 15 millions de dollars supplémentaires grâce au tour de table de Venrock en novembre. La valeur de l'entreprise a augmenté d'un tiers.

Le musée allemand ZKM Center for Art and Media Karlsruhe a utilisé

CryptoKitties pour montrer la technologie blockchain en 2018.

## Qu'est-ce que le crypto-punk ?

CryptoPunks est sorti pour la première fois en juin 2017 et a été développé par une équipe de deux personnes à American Game Studio Larva Labs comprenant Matt Hall et John Watkinson. Ils ont développé des algorithmes pour créer des images basées sur l'art de 24x24 pixels.  CryptoPunks a été publié pour la première fois, puis CryptoKitties.  Ils sont leaders sur le marché NFT et ont été un catalyseur dans le développement des jetons ERC-721.  Ces jetons sont, contrairement aux jetons ERC-20, uniques à leur manière.


 Dans la blockchain Ethereum (ETH), il existe une collection de 10 000 caractères CryptoPunk, chacun avec la preuve de propriété.  La plupart des 10 000 personnages sont humains. Cependant, il y a 88 zombies et 24 singes et 9 extraterrestres ont été identifiés comme des punks distinctifs.

CryptoPunk 7804 L'un des neuf NFT extraterrestres a été acheté à un acheteur pour ETH4200 (environ 7,5 millions de dollars) le 10 mars. C'était probablement le NFT le plus cher jamais vendu en une seule journée, cependant Beeple's Everyday: The First 5000 Days, qui s'est vendu à Christie's pour 69 millions de dollars le lendemain, était beaucoup plus cher. Le compte Ethereum 0xf4b4a58974524e183c275f3c6ea895bc2368e738 a acheté Punk 7804. Il s'agit de la première transaction du compte utilisant la blockchain Ethereum de quelque nature que ce soit.

0x03911fecabd6b4809c88e2e6eb856ec932b2ee3e, le compte qui a vendu le Punk, l'a acheté pour la première fois le 10 janvier 2018 pour 12ETH (d'une valeur de 15 000 USD à l'époque). Après son investissement initial, le compte a réalisé d'énormes bénéfices. Le 21 février 2021, il a également acheté le compte à Ape CryptoPunk pour 800ETH (USD1.2million).

Meilleur projet NFT

# 1. FLUX

C'est le jeton Flow NFT qui était destiné à être la plate-forme d'un tout nouveau type de jeu, d'applications ainsi que d'actifs numériques, ainsi qu'une blockchain rapide et facile à développer. Il s'agit d'une blockchain qui est la première couche développée par une équipe de développeurs qui possède une vaste expérience des applications de blockchain grand public comme CryptoKitties, Dapper Wallet et, bien sûr, NBA Top Shot. NBA Top Shot.

FLOW peut être acheté sur des échanges de crypto-monnaie comme Kraken ou Gate.

## 2. ENJIN

Enjin est une entreprise qui possède un écosystème interconnecté de biens numériques qui facilite le commerce et la monétisation des produits liés au jeu pour tous. Il permet aux développeurs de jeux de tokeniser leurs objets liés au jeu sur

Ethereum et est soutenu par Enjin Coin qui est un jeton ERC 20 développé par Enjin. Il a une valeur marchande de plus d'un milliard de dollars, ce qui en fait le NFT le plus important au 3 mars 2021. La pièce Enjin fait partie des pièces les moins chères qui ont un énorme potentiel de croissance en 2021, d'après notre analyse.

Enjin Coin est disponible à l'achat via des échanges de crypto-monnaie, tels que Binance, Bithumb, Uniswap, Balancer et autres.

## 3. MANA

Decentraland (MANA) Decentraland (MANA) est une plate-forme immersive de réalité virtuelle (VR) basée sur Ethereum qui permet aux utilisateurs de "créer des recherches, de créer et de gagner de l'argent à partir d'applications et de contenu". Les utilisateurs peuvent acheter des terrains pour les utiliser, les construire et les vendre selon leurs propres préférences. Au 20 janvier 2021, Aetheria est un quartier à thème Cyberpunk qui compte un total de 8 008 LANDs est le plus grand district (chaque zone LAND mesure environ 100 mètres carrés). Toute autre personne obtenant

Ready Player Onevibrations? Le projet a été lancé avec un bénéfice de 24 millions de dollars sur l'offre initiale de pièces (ICO), qui a été suivie par le monde virtuel dont l'ouverture est prévue en février 2020.

Le jeton ERC-20 (MANA) et un jeton ERC-721 (LAND) sont utilisés dans Decentraland. Le MANA doit être brûlé pour générer des jetons de terrain, chacun équivalant à 100 mètres carrés de terrain dans le métaverse (terrain réel virtuel).

MANA Coin est disponible à l'achat sur les échanges de crypto-monnaie qui incluent Binance, OKEx et Coinbase Pro.

## 4. Axie Infinity

Axie Infinity est un jeu de combat et d'échange basé sur la crypto-monnaie qui est en partie contrôlé et exploité par les joueurs. Il s'agit d'un Axie Infinity inspiré de Pokemon, un jeu qui permet aux joueurs de rassembler, de combattre et d'échanger des animaux de combat symboliques également connus sous le nom d'Axies.

Ces Axies sont disponibles dans de nombreuses dimensions et formes. Il y a plus de 500 parties du corps disponibles à choisir à partir de, chacun avec sa propre unicité ainsi que des taux de chute. Les Axies peuvent être génétiquement modifiés afin de créer des Axies plus grands (jusqu'à sept) et ensuite être proposés à la vente sur le marché Axie. Marché d'Axie. Axie Infinity participe au vote de gouvernance avec Axie Infinity, les Axie Infinite Shards (AXS) le jeton de l'ERC-20.

Binance est le seul endroit où vous pouvez acheter AXS.

## 5. Terra Virtua Kolect

Terra Virtua Kolect est un marché de crypto NFT qui fournit aux collectionneurs et développeurs NFT un écosystème multiplateforme organisé (PC Mobile, AR/VR, PC). TVK a levé 2,6 millions de dollars grâce à des ventes de jetons à de grandes entreprises de médias numériques comme Legendary Entertainment et Paramount Pictures. L'actif numérique est accessible en ligne, via l'application mobile, et également en 3D avec la réalité augmentée dans ce projet de crypto-monnaie NFT.

TVK peut être acheté via les échanges de crypto-monnaie tels que Binance, Uniswap, Bitmax 1inch et bien d'autres.

6. Protocole d'origine

Origin Protocol, également connu sous le nom de DShop dans la communauté de crypto-monnaie NFT, est un réseau d'achat en ligne décentralisé. Le DShop permet d'acheter des NFT, comme en témoigne la dernière baisse de NFT de 3LAU, où 33 NFT distincts ont été mis aux enchères pour 11 684 101 $ le 26 février 2021. L'enchère a eu lieu pour la première fois qu'une note de musique était symbolisée dans une collection, et "est juste le début pour les musiciens de saisir l'énorme valeur qu'ils apportent à chaque coin de la planète », selon 3LAU.

OGN est disponible à l'achat via des échanges de crypto-monnaie, tels que Binance, Huobi, Uniswap et bien d'autres.

## 7. Chromie

Chromia Studios, une plate-forme blockchain qui permet aux utilisateurs de développer des dApps a été lancée en août 2019 en collaboration avec Workinman Interactive. Chromia prévoit de financer le développement de MMOG (Massively Multiplayer Online Games) qui fonctionnent entièrement sur la technologie blockchain, ainsi que des NFT. Mines of Dalarmia est leur version initiale est un jeu qui exploite des fonctionnalités économiques et de propriété qui peuvent être jouées sur différentes plates-formes.

CHR est disponible à l'achat via des échanges de crypto-monnaie comme Binance, Huobi Global, Upbit, Bithumb, Binance JEX.

## 8. rares

Rarible propose un marché NFT centré sur les créateurs et utilise RARI, le jeton RARI original. N'importe qui peut créer une cryptographie NFT pour créer des biens numériques uniques. Le marché de la crypto-monnaie NFT est pleinement opérationnel. Pour aider la plate-forme à se développer, la plate-forme utilise une partie des bénéfices pour financer la transaction initiale à la menthe, où le NFT est créé. Le jeton RARI est limité à un maximum de 25 000 000 et un marché Rarible NFT recevant la grande majorité des jetons.

RARI peut être acheté via des échanges de crypto-monnaie tels que Uniswap, Mooniswap, Balancer et plus encore.

9. CIRE

Le Worldwide Asset Exchange (WAX) est connu comme "le" roi des NFT "" va bientôt s'associer à CAPCOM pour fournir des jetons ERC-721 et ERC-1155 (multi-tokens qui prennent en charge les types de jetons fongibles et non fongibles ). WAX a été utilisé par des marques bien connues, telles que Deadmau5, Atari, William Shatner, Capcom et Topps pour démarrer leurs ventes de crypto-monnaie NFT.

WAXP est disponible à l'achat via des échanges de crypto-monnaie comme Huobi Global, Upbit, Bithumb, HitBTC, KuCoin et bien d'autres.

## 10. Le bac à sable

Le Sandbox est une deuxième plate-forme basée sur la blockchain qui permet aux développeurs de gagner de l'argent à partir d'un type d'actif numérique spécifique via la blockchain, connue sous le nom de propriétés VOXEL. Le Sandbox avec son marché NFT, permet aux utilisateurs de créer des jeux et des actifs VOXEL à l'aide des outils VoxEdit et Game Maker. VoxEdit avec les outils Game Maker. Les transactions sont effectuées à l'aide d'un jeton utilitaire SAND et il n'y en aura jamais 3 milliards.

SAND est disponible à l'achat via des échanges de crypto-monnaie, tels que Binance, Huobi Global, CoinTiger, Upbit et d'autres échanges.

# Chapitre 3: Plus d'informations sur les capacités et les utilisations de Nfts

Ce livre a déjà abordé plusieurs façons d'utiliser les NFT dans des applications du monde réel. Cependant, nous n'avons touché que le sommet de la montagne en ce qui concerne ses capacités et son utilisation. Dans les domaines de l'art, de la musique et des jeux en particulier, nous sommes sur le point de voir un changement significatif dans la conduite des affaires. Dans ce chapitre, nous allons examiner les secteurs clés du potentiel NFT et comment ils pourraient avoir un impact sur nos vies.

Capacités de NFT pour l'art. Les jetons non fongibles permettent aux œuvres d'art d'être protégées par des signatures numériques qui leur sont attachées, ce qui signifie que quel que soit le nombre d'exemplaires qu'une œuvre d'art pourrait être produite, la version originale à jetons reste un élément individuel sur la Blockchain. Par conséquent, l'artiste peut toujours gérer l'œuvre originale et conserver les bénéfices générés par celle-ci. Peut-être plus important encore, ils éliminent l'intermédiaire traditionnel dans le sens où ils traitent avec des galeries, des agences d'art et des promoteurs.

Tout ce qu'il faut faire est de faire la représentation NFT tokenisée de leur travail sur la blockchain, et elle sera disponible pour tout le monde. C'est une définition extrêmement large de ce qu'on pourrait appeler l'art en premier lieu. Peu importe qu'il s'agisse d'une peinture en couleur ou d'un mème adorable, il pourrait être placé sur la blockchain en utilisant son jeton non fongible unique qui le symbolisera. Il n'y a aucune obligation pour un intermédiaire ou un critique de participer à la procédure. Les NFT sont également un moyen de garantir que l'artiste reçoive une part des bénéfices à chaque fois qu'un NFT est acheté. En raison de la responsabilité de la blockchain, toutes les redevances seront correctement transférées au bon destinataire. Cela change la donne puisque les œuvres d'art peuvent être facilement copiées par les utilisateurs en ligne. À l'avenir, quel que soit le nombre de copies d'une œuvre d'art créées, l'original NFT qui est verrouillé dans le bloc de données du système blockchain sera un véritable original. Ainsi, le propriétaire de l'œuvre a droit aux avantages que procure cette distinction.

Et si vous êtes l'acheteur de cette œuvre d'art, les NFT pourraient également être bénéfiques. Comme quelqu'un qui a investi dans une peinture physique prisée il y a des années, quiconque est prêt à dépenser de l'argent pour une œuvre d'art numérique impressionnante sera récompensé lorsque l'œuvre d'art prendra de la valeur et augmentera avec le temps. De cette manière, l'achat d'une œuvre d'art soutenue par NFT n'est pas seulement une acquisition de matériel, c'est aussi un investissement à long terme pour l'acquéreur.

## Capacités de NFT pour les jeux

Au cas où vous ne sauriez pas que l'industrie du jeu en ligne est massive et ne devrait que croître au fil du temps.  Les jeux offrent aux joueurs une grande flexibilité, cependant, en fin de compte, ils sont gérés par le contrôle central des entreprises qui fabriquent et entretiennent ces jeux.  Si, par exemple, vous deviez payer un coût pour utiliser certains actifs/goodies/avantages dans le jeu, vous n'êtes pas entièrement propriétaire.

Puisque vous ne pouvez jouer que dans les règles du concepteur.  Lorsque vous avez quitté le jeu, cet objet a disparu.  Les NFT ne permettent cependant pas seulement de posséder un objet à vie, mais permettent à un joueur d'obtenir un objet tiré de l'un des jeux et de l'appliquer à un autre. Les objets mis à niveau à partir des jeux peuvent même devenir des objets de collection proposés dans d'autres jeux, ce qui augmente considérablement leur valeur. Comme vous l'avez peut-être deviné, l'achat, la vente, le commerce et l'achat de biens collectés se transformeront probablement en un véritable jeu. Les possibilités de NFT en ce qui concerne son rôle dans l'élaboration du jeu sont assez impressionnantes. À l'heure actuelle, nous en sommes aux premiers stades de ce que les jetons non fongibles pourraient signifier. En raison des possibilités et du potentiel du NFT, il est probable qu'il y aura plus de surprises pour les joueurs dans le futur.

## Capacité de NFT à jouer de la musique

À bien des égards, Internet s'est avéré être une opportunité et un inconvénient pour les musiciens et l'ensemble de l'industrie de la musique.  Pour les nouveaux musiciens qui cherchent à établir une impression et à se faire un nom, la possibilité d'éliminer l'intermédiaire et de publier des vidéos d'eux-mêmes interprétant des chansons directement sur YouTube est sûre de simplifier le processus de reconnaissance. Cependant, pour les musiciens déjà établis, le fait que leur musique soit publiée sur Internet, où elle peut être dupliqué et partagé gratuitement et fait certainement une énorme brèche dans leurs registres de ventes.

Il fut un temps où un artiste enregistrant pouvait gagner un revenu grâce aux redevances provenant de la vente de ses disques, mais après que l'accès gratuit à Internet pour tout le monde soit devenu populaire, il ne pouvait plus gagner autant. La principale source de revenus pour de nombreux artistes célèbres aujourd'hui est les concerts, plutôt que les enregistrements. Cependant, cette source de revenus a subi une grave perte lors de la pandémie du premier semestre 2020, empêchant certains musiciens de joindre les deux bouts grâce aux revenus générés par les services de streaming.

 L'avènement du NFT. Cependant, il pourrait commencer à changer la façon dont l'industrie de la musique exerce à nouveau ses activités.  En sécurisant la blockchain, les musiciens peuvent être sûrs de percevoir leurs royalties sur leur musique.  Ils en bénéficient également puisqu'ils n'ont pas à payer les frais associés à d'autres méthodes d'achat de musique numérique.  L'acheteur peut également se retourner en un investisseur et le NFT peut devenir une sorte d'objet de collection, qui prendra de la valeur avec le temps.

Qui peut posséder et acheter des NFT ?

Avec tous les sujets fantastiques que nous avons abordés concernant le potentiel des NFT Cependant, certains d'entre vous se demandent qui peut posséder et acheter des NFT ? La réponse est simple, les amis - à peu près tout le monde et n'importe qui est capable de le faire ! Si vous repérez un superbe morceau de musique, une œuvre d'art ou un composant du jeu que vous aimeriez acheter, et que vous avez un portefeuille en ligne et la bonne crypto-monnaie en main, vous pouvez devenir l'un des propriétaires ou plusieurs des éléments numériques.

Vous pouvez posséder une œuvre d'art importante, gracieuseté de Beeple ou Beeple ou même Beeple, et cela pourrait être similaire à l'œuvre de Rembrandt et Picasso. Les enregistrements musicaux peuvent devenir des objets de collection, et lorsque vous jouez les bonnes cartes, leur valeur peut également augmenter. Les aspects de jeu deviennent des investissements majeurs dans le monde du virtuel alors que les gens font la queue pour acheter de vastes zones dans l'espace numérique. L'avenir offre de nombreuses possibilités en ce qui concerne ceux qui peuvent acheter des NFT, vous êtes donc libre de rejoindre le train en marche !

## Chapitre 4 : L'économie du NFT

Pour profiter de la popularité croissante de la crypto-monnaie tout en restant en sécurité, les investisseurs doivent investir dans un jeton qui a un service à valeur ajoutée et une stratégie commerciale. Les projets de pièces basés sur des avancées technologiques de pointe dominent actuellement avec de nouvelles offres, et il est difficile pour quiconque est nouveau de déterminer si un ICO est un plan d'affaires réalisable.

Selon nous, les jetons NFT ont plus de chances de réussir que les autres tokens car ils offrent un service à valeur ajoutée unique.

En tant que plaque tournante de l'écosystème pour le secteur de la crypto-monnaie qui repose sur la technologie. Les investisseurs peuvent également bénéficier d'une vaste communauté de personnes fortunées au sein du secteur de la crypto-monnaie, y compris la capacité de former, d'éduquer, d'encadrer la promotion croisée et autres.

En fin de compte, les investisseurs peuvent utiliser les jetons NFT comme un actif et une devise ainsi qu'un actif ou un jeton au sein de l'écosystème de la blockchain, car les jetons ne sont pas dépositaires et sont cryptés dès le début.

La possibilité d'accéder aux jetons NFT pour les investisseurs novices et expérimentés. Pour acheter des jetons NFT, utilisez des devises fiduciaires telles que le dollar, l'euro, le yen et échangez-les contre des bitcoins en utilisant Kraken.

Par rapport à d'autres devises, qui nécessitent à la fois la monnaie fiduciaire et le BTC ou les pièces fiduciaires et alternatives, cela donne un avantage aux nouveaux investisseurs.

Les échanges qui ne font pas partie du plate-forme sont accessibles pour le trading de jetons. Les jetons qui sont échangés sur d'autres bourses peuvent être convertis en monnaie fiduciaire en deux étapes simples.

Une fois que nous reconnaissons une opportunité de développement de marché, nous sommes captivés par son potentiel et la possibilité de son succès.

Une grande foule d'utilisateurs, d'investisseurs ainsi que de développeurs profiteront de la capacité de NFT à fournir une plate-forme d'échange pour les échanges Bitcoin afin de présenter de nouvelles crypto-monnaies et d'augmenter leur liquidité ainsi que de lancer de nouveaux services à valeur ajoutée.

NFT est actuellement la 6e crypto-monnaie la plus échangée dans le monde et la 9e devise la plus échangée dans le domaine de la blockchain, en raison de sa croissance rapide.

Jusqu'à présent, le jeton NFT est le seul jeton utilitaire sur le marché de la crypto-monnaie avec un produit opérationnel.

Le premier jeton utilitaire sur le bitcoin marché comme un produit opérationnel. Parce qu'il est construit à l'aide d'un système décentralisé, il a pour objectif déclaré d'utiliser la blockchain pour influencer de manière significative le monde.

C'est un objectif qui a été déclaré d'utiliser la technologie blockchain pour transformer le monde. Il existe de nombreuses applications qui peuvent être développées sur la base de NFT.

## NFT achat et vente de NFT

Il est trop tôt pour savoir si son ICO a été un succès ou non. Ce projet était en chantier depuis plusieurs années et est mené par un personnel expérimenté, et a été soutenu par un groupe d'investisseurs autorisés à investir.

Une valeur marchande de 500 millions de dollars représente l'équivalent de moins de 0,5% du nombre total de Bitcoins actuellement en circulation. Un ICO comme celui-ci est la première évaluation majeure de la popularité d'un nouveau jeton et de son application possible dans l'écosystème actuel.

Malgré ses nombreuses applications, Bitcoin est resté un jeton utilitaire en raison de sa grande capitalisation boursière.

Cela s'explique en partie par le fait que la valeur des jetons utilitaires est directement proportionnelle à leur valeur.

Une entreprise dont la valorisation est estimée à environ 91,4 milliards de dollars, similaire à PayPal, Inc. (NASDAQ:PYPL) est une entreprise dont le cours moyen des ventes annuelles cumulées de l'entreprise est de 12 mois.

Le prix de l'action de PayPal est de 2,2 % de la valeur de toutes les transactions commerciales mondiales effectuées en ligne au cours de l'année dernière dans le cas où PayPal est le principal processeur de paiement pour le commerce électronique.

Parce que l'utilisation du service et son utilisation sont limitées et limitées, la valeur du jeton est directement liée à son montant de transactions.

Le NFT devrait emprunter une voie similaire dans l'espoir de devenir également une monnaie commune sur les échanges au cours des prochaines années. En d'autres termes, il fonctionnera comme les jetons de paiement actuellement utilisés sur le marché Bitcoin. Cela implique que la valeur que la monnaie augmentera lorsque davantage d'échanges seront prêts à l'accepter.

Il est également prévu que le coût des jetons augmentera car davantage de personnes achèteront et vendront les jetons.

Le premier, NFT sera le premier jeton utilitaire développé.

Il est très probable que NFT atteindra son objectif de devenir le jeton standard dans l'échange de devises numériques en raison du stade précoce et du soutien massif qu'il a reçu des membres de la communauté Bitcoin.

Nous avons déjà vu des jetons utilitaires tels que BTC, Ethereum et Litecoin en plus de Bitcoin Cash, Dogecoin et Ripple dans le domaine de la crypto-monnaie.

Tout comme je m'intéresse au potentiel de la technologie, je m'intéresse également aux possibilités d'une norme.

Sur le marché de la crypto-monnaie, BTC peut nous aider à faire bouger les choses et à permettre à l'écosystème de fonctionner en tandem. Cependant, nous avons besoin d'une infrastructure pour le supporter, et Ethereum ainsi que le Tangle peuvent nous le fournir. J'espère voir que dans un avenir proche, quel que soit l'actif qu'il représente, les jetons seront tous appelés NFT. En tant que propriétaire de jetons, je reçois ma dose quotidienne de chacun des BTC et ETH en plus des autres. Mon jeton préféré pourrait être échangé contre celui qui est le plus connu. Mes meilleurs jetons seront sur le marché un peu plus longtemps, mais sans avoir à investir un temps excessif pour étudier et maîtriser le dernier NFT, c'est une excellente chose.

Étant donné que NFT ainsi que d'autres crypto-monnaies partagent la même idée de valeur, il est largement accepté par la communauté bitcoin.

J'ai déjà écrit des articles de Seeking Alpha sur les jetons utilitaires, notamment "Le prochain raz de marée des jetons utilitaires" et "Ethereum, un jeton utilitaire unique et innovant", pour avoir une idée de ce que je pense du sujet. Il existe de nombreux avantages et utilisations des jetons utilitaires dont je parlerai dans mon article, tels que les suivants :

* Il n'y a pas de frais de transaction, ou la menace de frais de transaction est en place ;

Les confirmations de paiement seront récompensées par une incitation au paiement

* Programmes incitatifs pour les acheteurs et les mineurs ;

* Voter clairement pour ou contre toute décision particulière créant une unité de sens.

* Tenir un inventaire défini des marchés de biens de consommation

La qualité du produit peut être jugée par les clients et les commerçants peuvent établir leur propre plate-forme pour vendre leurs produits ou services.

Mon opinion est que les jetons utilitaires ont un impact énorme sur le marché des échanges de crypto-monnaie. L'importance et l'utilité des jetons utilitaires n'ont jamais été aussi évidentes que maintenant que les problèmes de mise à l'échelle antérieurs associés aux frais de crypto-monnaie pour l'échange ont maintenant été résolus.

Le coût du NFT augmentera avec l'augmentation du nombre de personnes qui l'utilisent pour remplacer le BTC, l'ETH, etc lorsqu'une partie importante des bourses adoptera le NFT.

De nombreuses petites, moyennes et grandes entreprises (PME) et même de plus grandes entreprises qui réalisent des ventes annuelles de centaines ou de dizaines de millions reconnaîtront la valeur du NFT dans les années à venir et reconnaîtront la valeur de ce jeton.

La technologie blockchain et la crypto-monnaie ont toujours eu des chiffres, mais c'est seulement qu'elles mûrissent maintenant au point que les entreprises blockchain sont capables de concevoir leurs visions de leur avenir, avec toute la flexibilité et la liberté dont elles ont besoin.

En raison de sa documentation complète, y compris son livre blanc Satoshi original sur le sujet, d'une communauté en pleine expansion et d'un énorme enthousiasme à l'appui de NFT, Blockchain.info est un excellent endroit pour commencer à travailler et à comprendreNFT.

Pour utiliser et participer aux services d'échange et aux divers produits financiers de NFT Asset Exchange, vous n'avez pas besoin du jeton NFT.

Si vous êtes un participant actif de Nxt ou de la communauté Nxt, vous recevrez des jetons gratuitement en vous inscrivant à la liste de diffusion Nxt. Les jetons NFT sont faciles à échanger avec Asset Exchange de Nxt si vous détenez les jetons sur un échange tiers.

Fondamentaux des transactions NFT

Lorsque vous payez un "abonnement au jeton", toute personne qui paie reçoit une offre de jetons qui peut être échangée contre d'autres articles. L'abonnement peut être utilisé pour échanger et/ou dépenser sans restriction.

Le bundle gratuit est un bundle préconfiguré pour permettre le trading sur la bourse qui est livré avec une variété de jetons qui peuvent être échangés. Dans le bundle de cadeaux, vous ne pouvez pas sélectionner les jetons que vous souhaitez acheter. Au lieu de cela, vous recevez des jetons aléatoires de jetons de Nxt Asset Exchange. Actif suivant Exchange, y compris les différents types de jetons (bundles). L'autre type de forfait gratuit est un forfait entièrement conçu sur mesure qui peut être personnalisé pour répondre à vos besoins spécifiques.

Vous pouvez échanger tous les jetons inclus dans le bundle, ainsi que des jetons avec des caractéristiques entièrement sur mesure. En comparaison avec d'autres options, le pack de cadeaux est moins étendu en termes de jetons échangés.

Il n'est pas nécessaire d'envoyer une URL d'échange pour le forfait gratuit si vous avez acheté le forfait en espèces.

**Quelles sont les possibilités qui s'offrent à vous lorsque vous déposez des jetons NFT ?**

Les jetons futurs à court terme seront bientôt échangés. Ils commenceront à apparaître dans votre compte dès que vous commencerez à utiliser le portefeuille.

**Combien de jetons peuvent être échangés ? Quel est le nombre maximum de jetons pouvant être échangés sur un seul échange ?**

Un compte qui a un montant substantiel compte ou avec un solde substantiel est nécessaire pour échanger plus de 1000 pièces par transaction avec NFT.

Quand une transaction est-elle terminée ?

Le délai pour les transactions d'échange est visible dans votre compte lorsque vous transférez des fonds vers l'échange. Cependant, vous pouvez consulter le solde de votre compte, accéder à la page des transactions et rechercher des informations sur les transactions.

**La plateforme NFT, est-ce que l'utilisateur ajoute des jetons supplémentaires ?**

Les jetons NFT peuvent être ajoutés aux comptes de manière simple. Pour obtenir des jetons gratuits, vous n'avez pas besoin de créer un compte avec un tout nouvel utilisateur ou de créer un compte.

Pour connecter le compte nouvellement créé à NFT, pour lier le nouveau compte au réseau NFT, utilisez votre portefeuille existant pour le transfert des jetons que vous avez achetés avec le "package gratuit" sur le compte. Ces jetons peuvent désormais être utilisés pour le commerce et l'utilisation.

Cela ne nécessite pas la création d'un nouveau compte ou l'inscription. À la place vous pouvez ajouter des jetons que vous avez achetés au cours des deux derniers mois sur votre compte actuel.

**Que se passe-t-il si l'échange ne fonctionne pas ?**

Contrairement aux autres réseaux de blockchain, les joueurs de Nxt Blockchain ont accès à des fonctionnalités supplémentaires non accessibles au public.

Un vendeur de jetons peut être directement contacté pour découvrir la raison du problème. Si le vendeur ne répond pas dans les 24 heures, vous pouvez porter plainte auprès du superviseur.

Il est possible pour un superviseur de différer ou de retarder temporairement l'échéance d'une transaction lors de son enregistrement, ce qui permet aux vendeurs et aux acheteurs un peu de flexibilité.

**Êtes-vous préoccupé par la transaction? comment puis-je gérer cette instance ?**

Les jetons achetés dans le forfait gratuit peuvent être ajoutés à un compte courant ou vous pouvez créer un nouveau compte pour les jetons que vous avez achetés au cours des deux derniers mois et les transférer à la nouvelle adresse.

Vous pouvez utiliser votre adresse nouvellement créée pour obtenir des jetons du package gratuit. De cette façon, vous ne vous retrouverez pas avec un compte d'échange obsolète.

**Qu'est-ce qui peut provoquer une erreur dans une transaction ?**

Si les fonds ne sont pas en ligne ou si vous êtes en mesure de respecter une limite sur la quantité d'un article particulier que vous pouvez acheter avec l'argent que vous avez fourni lors de la transaction, il sera rejeté et vous devrez être patient au superviseur de refuser ou de prolonger le délai de réalisation de la transaction.

**Avez-vous des problèmes sur la page qui examine le protocole ?**

La page d'examen des protocoles sera généralement examinée dans les quelques heures suivant la réception d'une demande de la part de la communauté des utilisateurs. Un taux d'erreur de 20% est un signe que si vous attendez plus que ce temps, il est recommandé de contacter l'opérateur d'échange pour savoir s'il peut vous aider.

## Qu'est-ce qui ne va pas chez moi? Protocole page d'avis ?

De nombreuses personnes doivent faire des erreurs pour s'assurer qu'il fonctionne correctement. Les erreurs "très terribles" ne sont pas affichées car elles ne sont pas lisibles. Ils peuvent être fermés en cliquant sur une case à cocher.

**Combien de temps l'examen prendra-t-il pour se présenter à ma porte ?**

Quelques minutes suffisent pour analyser la transaction d'échange. Les barres de progression sont généralement affichées par l'opérateur après la fin d'un audit pour montrer le déroulement de la transaction d'échange.

Vous pouvez visiter la page de révision du protocole pour connaître l'état d'avancement de votre transaction une fois celle-ci enregistrée.

**Que puis-je faire pour retourner mon argent si la transaction n'est pas acceptée ?**

Le programme affichera une barre de progression indiquant l'état actuel de la transaction en cas d'échec de l'échange.

Vous pouvez demander que la transaction soit approuvée en établissant une transaction entièrement nouvelle.L'opérateur se penchera sur la réponse à la première étape. L'opérateur ajoutera la transaction à la liste des transactions autorisées en cas de résultat positif.

Pour les 100 premiers blocs, il sera alors marqué comme rejeté s'il n'est pas accepté. En cas de rejet, il sera supprimé des bases de données de la Bourse.

**Si j'oublie ces pièces, comment se passe-t-il ? prend place?**

Consultez ces termes et conditions avant de vous inscrire à un échange. Une fois l'argent transféré de votre compte vers la plateforme de trading, il ne vous appartient plus.

Si vous vous connectez au programme d'échange, puis cliquez sur "admin", la même situation se produit. Les pièces appartiennent à l'échange et ne vous appartiennent pas.

Ne remettez pas à plus tard une décision si vous rencontrez des problèmes. Contactez votre banque. Dans les 48 heures suivant l'absence de réponse, vous devez contacter les autorités compétentes. Vous pouvez récupérer votre argent.

## Comment puis-je trader le NFT ?

Il n'y a aucune restriction sur les banques car c'est une alternative à la monnaie traditionnelle (comme le dollar américain). Tout échange, y compris, mais sans s'y limiter, les échanges qui traitent du bitcoin, de l'éthereum et du dash, vous pouvez échanger vos NFT. Pour le moment, vous pouvez échanger NFT en échange de bitcoin, dash et Ethereum sur ces échanges.

Le trading NFT en utilisant un échange comme Coinbase ainsi que Kraken est la meilleure alternative et vous devez recevoir votre argent le plus tôt possible avant l'afflux de nouveaux clients.

## Quelles sont les réglementations concernant le trading NFT ?

Un client Ethereum personnalisé connu sous le nom de Devy permet aux utilisateurs d'acheter et de vendre des NFT dans l'anonymat dans le cadre du système de réglementation Coin Control en vigueur. Cela signifie qu'il n'y a pas de processus KYC en cas d'achat ou de vente NFT.

Quiconque a acheté NFT pourrait décider ultérieurement de vendre NFT via le marché Ethereum pour gagner un revenu. Si vous souhaitez vendre vos NFT, il est nécessaire de les échanger en bourse ou de localiser un acheteur sur la blockchain.

Il n'y a aucune garantie qu'un échange prendra votre NFT.

Aucun gouvernement ou organisation n'est responsable de la réglementation ou de l'approbation des transactions de crypto-monnaie. Les revendeurs de bitcoins pourraient être une option viable au cas où vous n'êtes pas sûr des lois de votre état concernant les NFT. Pour acheter du NFT en utilisant cette méthode, il est nécessaire d'effectuer un paiement basé sur une crypto-monnaie et de ne pas acheter d'autres pièces dans le processus.

**Les transactions NFT sont-elles possibles via la blockchain ?**

En dehors de Dash, qui est la blockchain Dash, il n'est pas pratique de déplacer NFT hors de Dash en raison de la nature non centralisée de NFT. La société derrière NFT pense que cela changera dans un proche avenir.

**Mes pièces ont-elles une valeur financière ?**

Pour être honnête, c'est une chose acceptable demander. La valeur de Bitcoin a augmenté progressivement au fil du temps. Il est difficile de répondre à la réponse si vous n'êtes pas familier avec le concept de monnaie numérique et la science derrière la cryptographie. La valeur de NFT est complètement aléatoire et est basée sur le besoin.

La valeur de NFT est susceptible d'augmenter lorsqu'elle semble être plus demandée. La valeur diminue lorsque la demande est inférieure au disponible.

## Quels en sont les effets négatifs ?

Afin de comprendre la volatilité que peuvent avoir les NFT, il est essentiel de comprendre que la valeur des NFT est déterminée uniquement par des paramètres financiers arbitraires.

## Qu'est-ce qui pourrait mal se passer?

Il n'y a pas de banque centrale car le NFT n'est pas centralisé. Les particuliers peuvent ne pas être en mesure d'acheter des NFT si leur valeur chute à un niveau bas.

## Ces investissements sont-ils judicieux pour mon entreprise ?

C'est une question complexe, mais la solution est qu'elle dépend d'une myriade de variables. En l'absence de directives régissant la situation, il pourrait s'agir d'une stratégie d'investissement très risquée et éventuellement rentable.

Le prix de Dash, qui est une alternative de type bitcoin, a considérablement augmenté au cours de la dernière année. Il semble y avoir une demande croissante pour Dash comme alternative au bitcoin et il est maintenant sous surveillance puisque sa valeur n'a cessé de grimper.

Les investisseurs doivent être conscients de leur valeur de 1,4 milliard de dollars sur le marché et du soutien du plus haut niveau du gouvernement fédéral. Bien que l'avenir du NFT reste incertain, il devrait augmenter considérablement au cours des prochains mois.

Ne vendez pas vos articles via eBay ou Etsy si vous prévoyez d'être impliqué dans le marché de la crypto-monnaie ou le marché NFT. Si vous achetez quelque chose dans un magasin de crypto-monnaie en ligne, vous devrez payer un acompte avant d'accéder au produit.

Pour protéger les clients des escroqueries, NFT devrait être contrôlé de cette manière.La façon dont il est promu. Il est possible que la plate-forme utilisée pour acheter NFT n'existe plus car il s'agit d'un tout nouveau produit. Si cela ne se produit pas, de nouveaux acheteurs seront introduits sur le marché pour acheter des NFT, ce qui signifie que la valeur des NFT qu'ils ont achetés pourrait baisser.

C'est à vous de choisir d'accepter ou non le NFT comme mode de paiement.

NFT est disponible à l'achat en tant que cadeau, si vous n'avez pas l'intention de le vendre. Cela rend inutile de le conserver dans votre stockage en ligne.

## Chapitre 5 : Crypto et Ethereum

Dans le passé, il y avait une croyance générale selon laquelle les rencontres en ligne étaient réservées aux perdants. De nos jours, c'est extrêmement courant et accepté dans la sphère sociale. La sagesse conventionnelle est généralement incorrecte, et ceux qui rejettent les dernières tendances sont ceux qui passent à côté des avantages de ces mouvements. Il y a dix ans, Bitcoin s'est avéré être une petite expérience audacieuse et agréable dans le domaine de la technologie libertarisme. De nos jours, les grandes entreprises, les banques ainsi que les gouvernements et les fonds spéculatifs ont pris la crypto-monnaie extrêmement et au sérieux.

On nous a dit qu'il y aurait une explosion du marché de la crypto-monnaie et un scénario dans lequel tout le monde perdrait toute sa richesse. Cela fait longtemps, mais rien n'indique que cela se produise. Les experts financiers utilisent la crypto-monnaie comme couverture contre les effets de l'inflation et les fluctuations de la valeur des devises. Le coût de la crypto-monnaie fluctue entre un bas et un haut, parfois extrêmement rapidement cependant, sur le long terme, la tendance est toujours à la hausse.

Pour bien comprendre les NFT, nous devons d'abord connaître le marché des crypto-monnaies, et plus particulièrement Ethereum (ETH).

## Qu'est-ce que la crypto-monnaie ?

Si vous demandez à quelqu'un qui est un expert en informatique sur le sujet, il peut le faire paraître plus complexe qu'il ne l'est en réalité. C'est un concept simple et n'importe qui peut comprendre le concept sans aucun terme technique.

La crypto-monnaie n'est pas techniquement considérée comme une monnaie. Les tribunaux se sont prononcés sur cette question et ont conclu qu'il s'agit d'un actif électronique et non d'une monnaie réelle. Il existe des distinctions importantes entre ces deux entités sur le plan juridique, mais nous laisserons cette discussion pour un chapitre supplémentaire. C'est un dispositif de stockage de valeur et aussi un moyen d'échange, un peu comme l'or l'était autrefois.

Dans l'économie d'aujourd'hui, la majorité de l'argent est sur papier, pas sur papier. La majorité de l'argent est stocké sur les ordinateurs des banques plutôt que de l'argent liquide sur papier. La raison pour laquelle l'économie fonctionne avec la rapidité et l'efficacité qu'elle fait est due au fait que les banques sont extrêmement habiles à enregistrer l'argent et à tenir d'énormes registres de toutes les transactions.  Lorsque vous achetez quelque chose avec des cartes de débit, la banque que vous utilisez communique avec la banque de la personne auprès de laquelle vous achetez.  La banque soustrait numériquement le montant de votre compte et la banque ajoute ensuite de l'argent sur le compte du client.  Si les enregistrements ne correspondent pas, cela pourrait causer un énorme problème.

 Si vous avez acheté un hamburger à 5 $ et que la banque a retiré 5 $ de votre compte, mais que la banque du restaurant a ajouté 100 $ à son compte, vous constaterez que la banque a ajouté 95 $ au compte en espèces d'un simple clic. Les banques sont capables de rester en affaires parce qu'elles sont extrêmement habiles à garder ces dossiers en ordre. Si une banque ne pouvait pas gérer cela efficacement, elle ferait faillite et ses employés pourraient être confrontés à la possibilité d'une peine de prison.

L'économie sans numéraire n'est pas quelque chose de nouveau. C'est ancien. La plupart de l'argent, pendant la majorité de l'histoire de l'humanité, n'était pas sous forme d'espèces. Il était principalement stocké dans des registres, un peu comme dans les banques. Les registres sont une liste des ventes et des achats. Le plus ancien registre connu n'a que quelques milliers d'années et a été écrit sur de l'argile (Dockrill en 2016,).

Si Brad achetait des 2 x 4 à Steve pour 80 $, Steve écrivait une entrée sous la forme d'un livre qu'ils avaient tous les deux convenu que Brad serait prêt à payer 100 $ pour les 2 x 4. Les deux parties signaient la note pour prouver que Steve n'escroquait pas une offre. Brad pouvait repartir avec 2 4 et l'argent n'a jamais été transféré. Les signatures font foi de la transaction en cas de contestation ultérieure à son sujet. C'est exactement ce que font les cartes bancaires Cependant, auparavant, les registres étaient un mélange de registres personnels des individus. Si les états financiers de chacun sont en règle, il n'est pas nécessaire de chercher quelqu'un qui peut payer la dette. Le système est capable de fonctionner sans paiement en espèces pendant une période assez longue, à condition que les participants qui négocient de cette manière se fassent suffisamment confiance pour qu'ils n'essaient pas de tricher et de ne pas régler. La banque moderne fonctionne de la même manière, cependant, plus rapidement, par voie électronique, et avec moins d'exigence de confiance entre les deux parties. Ce que la crypto peut faire, c'est conserver un enregistrement précis des transactions, sans avoir besoin de plus de deux banques ou d'un processeur pour les paiements. La crypto peut nous aider à éviter trois intermédiaires lors des transactions. Il s'agit d'une technologie extrêmement importante.

Les crypto-monnaies telles que Ethereum et Bitcoin fonctionnent en créant un registre extrêmement long et décentralisé appelé blockchain. Lorsqu'une transaction est terminée, une nouvelle entrée est effectuée dans la blockchain. Toutes les deux minutes, un nouveau "bloc" contenant des transactions sera ajouté. Chaque bloc est une référence au bloc précédent, ce qui en fait une "chaîne".

C'est tout ce que la blockchain a à offrir. Une collection d'entrées de grand livre, exactement comme un livre de grands livres que nous aurions pu lire il y a quelques centaines d'années.

Semblable aux registres anciens, la blockchain n'existe pas sur un seul ordinateur. Il est disponible sur de nombreux ordinateurs. Les utilisateurs qui fournissent leur puissance informatique pour gérer les fonctions de la blockchain sont appelés "mineurs". L'exploitation minière crée une nouvelle crypto pour les mineurs en échange en utilisant des ordinateurs et de l'électricité pour effectuer cette tâche.

Le bloc créé ne peut pas être modifié. C'est en écriture seule. C'est pour toujours. Chaque fois qu'un bloc est placé sur la blockchain, les ordinateurs miniers sont capables de communiquer entre eux et doivent parvenir à un accord. Les ordinateurs comparent leurs enregistrements de blockchain avec ceux des autres et vérifient le travail de chacun. Si un nouveau bloc ajouté à la chaîne n'est compatible avec aucun autre ordinateur, il est rejeté. Chaque ordinateur, travaillant isolément, doit maintenir son intégrité.

La seule façon de pirater ou de modifier la chaîne est de tromper chaque ordinateur qui évalue le travail simultanément en piratant chaque bloc après le premier piratage et de pouvoir accomplir cet exploit si rapidement qu'il peut accomplir cet exploit sans que le premier bloc soit ajouté. Cela n'est possible que dans le domaine de la science-fiction. À l'heure actuelle, personne n'a un iota de la puissance de calcul nécessaire pour pirater les chaînes de blocs.

C'était une quantité écrasante d'informations à vous décharger immédiatement. Nous soulignerons les points les plus importants pour nous assurer qu'ils sont absorbés dans votre esprit. Vous devez être capable de comprendre cela avant d'aller de l'avant.

* La crypto n'est pas de l'argent. La crypto-monnaie est un actif similaire aux métaux précieux.

* Crypto est la blockchain, qui est un registre extrêmement complexe et sophistiqué. Il s'agit essentiellement d'un registre des transactions qui montre qui a fait quoi et les dates.

* Crypto est présent sur de nombreux ordinateurs à travers le monde qui fonctionnent ensemble pour maintenir le système en marche et à l'abri de la contrefaçon.La raison pour laquelle Crypto est précieux

La meilleure question est "Pourquoi l'argent est-il si précieux ?" En fin de compte, l'argent n'est que du papier. La valeur de l'argent liquide réside dans son rôle de monnaie ainsi que dans le fait que n'importe qui peut accepter l'argent liquide d'une menthe solvable et, surtout, faire des affaires dans un pays étranger où vous êtes tenu de payer en utilisant son argent. Les gouvernements ne prendront que leur propre monnaie à des fins fiscales.

La crypto est très précieuse pour des raisons similaires, mais elle n'est pas soutenue par la confiance et la confiance que tout autre gouvernement. Nous avons déjà discuté de ce qui fait la valeur. Certains articles avec certaines caractéristiques à des moments précis auront toujours de la valeur. La crypto possède certaines qualités inhérentes qui la rendent supérieure aux autres types de monnaie fiduciaire traditionnelle imprimée par l'État ou l'or.

La raison en est que la crypto-monnaie est totalement exposée. Il n'y a pas de place pour se cacher dans le monde de la blockchain. Les informations sur la blockchain sont accessibles au public. N'importe qui peut le voir. Tout tourne dans les calculs des grands livres, personne ne cache l'argent, personne ne peut voler et personne ne peut transférer de l'argent sans être vu.

Étant donné que le propriétaire des portefeuilles de crypto-monnaie est privé, il s'agit d'une excellente option pour les personnes soucieuses de leur vie privée qui ne veulent pas être la cible d'entreprises ou de gouvernements qui aiment surveiller la façon dont vous dépensez votre argent. Cela peut être dû à des motifs légitimes et légaux. Il pourrait être utilisé pour des actions illicites comme la vente d'armes ou de drogue. Tout type de transaction de marché, qu'elle soit blanche, noire ou grise, est privée tant que l'identifiant du propriétaire du portefeuille est sécurisé. Il n'y a pas besoin de vérification de crédit ou d'une pièce d'identité avec photo pour acheter ou vendre de la crypto-monnaie. Les banques de restrictions habituelles doivent informer le gouvernement chaque fois qu'elles remarquent que des signes suspects ne sont pas en place dans ce cas.

Les personnes sceptiques et mal à l'aise sur le pouvoir du gouvernement et la politique monétaire discutent fréquemment de la possibilité que la crypto soit inflationniste. Lorsque vous utilisez une devise soutenue par le gouvernement, la politique monétaire du pays est gérée par des personnes compétentes, mais elles sont également sujettes à l'erreur. Ils peuvent réussir mais, comme nous l'avons observé tout au long du passé, s'ils échouent, cela pourrait être catastrophique.  Le gouvernement est en mesure d'augmenter ou de diminuer sa masse monétaire en ajustant les taux d'intérêt de sa banque centrale.  Lorsque le gouvernement augmente sa quantité de monnaie disponible, il est susceptible de provoquer une augmentation similaire des prix car plus de monnaie est utilisée pour acheter moins de produits.  Ce n'est pas un problème pour une crypto-monnaie fiable et financièrement saine.  Une crypto-monnaie comme Ethereum a un plan inflationniste hautement prévisible.

« Qu'en est-il des NFT ? » vous pensez peut-être. "Qu'est-ce que Bitcoin et Ethereum ont à voir avec les NFT ?"

Je suis content que vous ayez demandé parce que nous sommes seulement maintenant arriver à cela.

Les actifs numériques tels que Bitcoin et Ethereum ont leurs propres blockchains. Ce sont deux choses distinctes. La majorité des NFT se trouvent sur la blockchain Ethereum, également connue sous le nom d'une autre chaîne "alt-coin" créée avec Ethereum. L'une des choses qui distingue Ethereum est le fait qu'il est capable de stocker toutes les données numériques dans sa blockchain. Cela inclut la musique, les vidéos, les documents, les images ou toute autre donnée pouvant être enregistrée sur des ordinateurs. Bitcoin n'est pas en mesure d'accomplir cela.


Ces objets numériques, tels que la musique et les images, sont ce qu'on appelle les NFT. La blockchain est ce qui fait que les NFT fonctionnent et ce qui les rend uniques.

Ethereum ainsi que les contrats intelligents

Bitcoin est actuellement la crypto-monnaie la plus populaire au monde, avec Ethereum en deuxième position.

Une des choses qui distingue Ethereum est unique dans le fait qu'il a quelque chose qu'il appelle des contrats intelligents. Les contrats intelligents sont similaires à un contrat légal, cependant, ils sont écrits en code informatique et sont gérés par des ordinateurs sans avoir besoin de juges ou d'avocats. Les contrats intelligents exécutent automatiquement l'accord. Chaque actif de crypto-monnaie peut avoir un contrat intelligent associé. Les conséquences pour ce type de technologie peuvent être énormes et nous approfondirons le sujet plus loin. La chose la plus importante à savoir à ce stade est que les droits de propriété et les contrats peuvent être ajoutés de manière permanente à l'actif numérique. C'est pourquoi les NFT sont plus que des œuvres d'art coûteuses liées numériquement à une adresse sur Internet et la raison pour laquelle Ethereum est essentiel à cette histoire particulière.

Ethereum est une technologie bien plus avancée que Bitcoin. Ethereum fournit l'alimentation et la maintenance des espaces virtuels tels que The Sandbox ainsi que DeFi Space. Le Sandbox est une expérience innovante pour construire un ensemble virtuel monde construit sur une blockchain, c'est-à-dire que les utilisateurs qui rejoignent et construisent l'espace gagnent leur propre crypto, connu sous le nom de SAND. Les récompenses sont également gagnées en fabriquant et en distribuant des NFT. DeFi est une forme abrégée de "finance décentralisée" qui fait référence à cette toute nouvelle technologie blockchain, ainsi qu'aux plateformes qui y opèrent.

Ethereum peut également être utilisé pour exploiter des marchés NFT et des domaines blockchain. Les 100 crypto-monnaies les plus populaires, la majorité sont basées sur les normes de jeton ERC-20 d'Ethereum. La majorité des chaînes "alt-coin" utilisent la norme ERC-721 d'Ethereum pour les NFT. "Standard" signifie que le code est interopérable avec le code. C'est une abondance de mots déroutants qui peuvent être expliqués par une analogie. Il existe une prise de courant standard en Amérique qui est une prise murale à trois trous. Il est utilisé pour la majorité des articles ménagers. Tout article électrique

que vous achetez s'adaptera au murtiprise. Peu importe ce que c'est. Il peut s'agir d'une lampe ou d'un téléviseur, d'un ordinateur ou même d'un grille-pain. Ils fonctionnent tous parfaitement avec la prise standard. Si tout le monde utilise la même norme pour les points de vente, tout le monde peut concevoir des produits qui fonctionnent avec, car ils sont interopérables. Chaque entreprise n'a pas de prises différentes pour utiliser une prise différente. Mais les mêmes prises ne sont pas compatibles avec tous les emplacements en Europe. Aux États-Unis et en Europe, utilisez des normes différentes qui ne sont pas interopérables. La norme de jeton suit le concept exact. Les différents actifs de crypto-monnaie sont basés exactement sur la même

Blockchain tant qu'ils adhèrent aux mêmes normes. ERC-20 est la norme qui est fongible. ERC-721 est la norme non fongible.

L'interopérabilité des actifs d'Ethereum signifie que vous pouvez construire des choses en les connectant de manière intrigante. Cela amène le sujet des contrats intelligents. C'est exactement ce qui en est tout l'intérêt. Quoi que les ordinateurs puissent accomplir, un contrat pourrait accomplir. Le contrat intelligent le plus en vogue est livré avec une méthode intégrée de paiement des redevances. Indissociable du NFT est un code qui s'exécute chaque fois que la devise est vendue. un NFT qui a ce contrat est en mesure de verser un montant au créateur. C'est un moyen de déposer des fonds sur le compte de crypto-monnaie de l'artiste à partir de maintenant jusqu'à la fin des temps. L'exemple le plus connu a été réalisé par l'un des premiers utilisateurs de NFT, Imogen Heap.

Les contrats intelligents font partie de NFT. Ils ne peuvent pas être modifiés ou supprimés. Ces redevances ne sont que le début de ce qui est possible. Cela signifie qu'il n'est pas nécessaire de porter les litiges devant les tribunaux. Un ordinateur exécute le programme, et il se produit. Il n'y a pas de notaires, pas d'avocats coûteux pour présenter leur dossier devant les juges, et il n'y a pas de jurisprudence ou d'interprétation par la loi de ce code. Il n'y a pas de négociations avec les maisons de disques ni de conflits publics compliqués. Les contrats sont ce qu'ils sont. De nombreux athlètes qui pratiquent des sports ont des fins tristes après leur retraite. Ils perdent souvent de l'argent lorsqu'ils sont jeunes et ne planifient pas l'avenir. Ils n'ont pas d'argent de côté ou n'utilisent pas leur argent prudemment, comme les jeunes ont tendance à le faire. Les NFT peuvent sauver la vie de ceux qui sont comme ça. Les occupants restants de leurs journées de travail peuvent les aider à la retraite au moyen de contrats intelligents.

Ethereum n'est pas sans défauts, mais les développeurs travaillent sur des moyens de résoudre les problèmes. À l'heure actuelle, Ethereum est la seule véritable option dans le domaine des NFT.

## Chapitre 6 : Les crypto-monnaies sont-elles sûres ?

L'une des choses les plus cruciales à garder à l'esprit concernant les jetons de crypto-monnaie est qu'ils sont simplement des fraudes. Étant donné que les jetons de crypto-monnaie sont simples à fabriquer et à revendre, les escrocs doivent créer un jeton, créer un site Web sophistiqué, puis payer pour certaines publicités via les réseaux sociaux. Payez pour une poignée de sites d'actualités pour mettre en avant leur crypto-monnaie et ils pourraient alors devenir riches grâce à des novices qui ne sont pas familiers avec la crypto. Naturellement la question suivante que vos amis crypto-curieux poseront probablement est une question démodée : les crypto-monnaies sont-elles sécurisées après tout ? J'ai entendu parler de criminels et d'escrocs utilisant les crypto-monnaies, et j'ai fait des recherches sur ces hacks. C'est la réponse typique à ce genre de commentaires et de questions. La sécurité d'une crypto-monnaie ou non dépend d'abord de la situation. Différentes crypto-monnaies ont été créées de la même manière. Certaines crypto-monnaies sont conçues pour pouvoir accélérer les transactions par rapport à la sécurité. Généralement, les résultats peuvent se manifester assez rapidement.

C'est une bonne nouvelle pour nous qu'il ne soit pas rare de trouver des pirates cherchant à pénétrer dans les réseaux cryptographiques afin de les manipuler pour créer de nouvelles devises ou des jetons hors de l'air et les vendre avec un bénéfice impressionnant. Cela peut sembler effrayant, mais ce n'est pas comme les entreprises et les banques au quotidien. Lorsque les pirates réussissent à causer des dommages à une entreprise, cela améliore généralement sa cybersécurité.Cela est également vrai pour la crypto-monnaie, ce qui signifie que la majorité des monnaies numériques qui existent depuis longtemps sont testées à fond car elles sont toujours ciblées par des criminels. Si vous avez encore des doutes, jetez un œil à cela, comme je l'ai mentionné plus tôt. Certains réseaux de crypto-monnaie se composent d'ordinateurs dispersés à travers le monde qui vérifient en permanence l'historique des transactions et les soldes

des comptes. Si vous vouliez compromettre le réseau de crypto-monnaie, vous devrez pirater plus de la moitié des ordinateurs connectés au réseau pour le faire. Il n'est pas possible de le faire lorsque vous avez affaire à un échange tel que Bitcoin qui comprend des millions d'ordinateurs répartis à travers le monde. Mais, certains réseaux de crypto-monnaie ont moins d'ordinateurs traitant les transactions, ce qui les rend plus vulnérables aux piratages. Des règles similaires s'appliquent au service de crypto-monnaie centralisé comme les échanges de crypto-monnaie, où la majorité des cyberattaques ont eu lieu. Ils sont beaucoup plus faciles et plus lucratifs qu'un seul portefeuille de crypto-monnaie, qui est incroyablement sûr. C'est la raison pour laquelle vous devez toujours conserver votre crypto-monnaie dans votre compte bancaire. Lorsque vous pouvez et ne le stockez que sur les échanges lors de la négociation ou de l'encaissement. Quand on parle de sécurité, il n'y a rien de mieux qu'un véritable portefeuille.

En fait, lorsqu'il s'agit d'activités criminelles, ils échangent presque toujours des bitcoins contre une crypto-monnaie axée sur la sécurité, telle que le monero. S'ils le peuvent, en tant que bitcoins, comme la plupart des cryptos, ils peuvent être consultés publiquement pour les transactions ainsi que les soldes du portefeuille. Les transactions Bitcoin sont faciles à suivre par les autorités, et même plus que la monnaie conventionnelle. Il est absurde que des criminels utilisent et possèdent régulièrement un bien qui peut être localisé. Les crypto-monnaies telles que le monero sont privées, donc même le gouvernement américain ne peut pas casser le cryptage. C'est assez impressionnant quand on considère l'image entière. La grande majorité des crypto-monnaies ne sont pas utilisées à des fins illégales. Il n'y en a que quelques-uns sur le marché de la cryptographie que les voleurs emploient.

Le principal danger avec la crypto-monnaie et l'investissement dans la crypto-monnaie est volatil. En ce sens que les prix pouvaient fluctuer jusqu'à 50x au cours d'une seule journée. Le risque d'investir trop dans la cryptographie pourrait être très risqué, en particulier si vous tentez votre chance en utilisant un effet de levier, qui utilise des fonds empruntés. C'est la raison pour laquelle il est préférable d'investir uniquement le montant que vous êtes prêt à risquer et de ne pas risquer un centime de plus.

Pourquoi les prix des crypto-monnaies sont-ils si instables ?

A quoi bon qu'ils aient une quelconque valeur ? Voici ma réponse. Qu'est-ce qui donne de la valeur à l'argent que vous transportez en banque ? À un moment donné, il était adossé à l'or, mais cela a changé, et depuis, toutes les devises émises par les États du monde perdent de la valeur. La raison en est que la seule chose qui contient des euros et des dollars est la confiance que nous plaçons dans les gouvernements qui émettent ces monnaies. Cette confiance s'est érodée au cours des dernières années. Et pas seulement cela, les gouvernements ont fabriqué et manipulé la monnaie afin de leur profiter ainsi que les entreprises qui les financent, au détriment de la personne ordinaire. Cela a conduit à des niveaux records d'inflation qui encouragent l'épargne par rapport aux dépenses, conduisent à une consommation excessive et provoquent des catastrophes environnementales.

La valeur de la crypto-monnaie est due à leurs capacités. Leur valeur fluctue en fonction de la crypto-monnaie dont nous parlons. Le bitcoin vaut son pesant car la pièce BTC a un profil économique similaire à l'or. L'offre est limitée et seule une infime partie de BTC est produite chaque jour. Ce montant est divisé en deux moitiés par période de quatre ans. Si la demande de bitcoin reste la même au fil du temps, cela entraînera une augmentation significative de la valeur du bitcoin chaque période de quatre ans.  La demande de bitcoin a augmenté en ces dernières années, car nous avons pris conscience de la fragilité des monnaies ordinaires.  L'épidémie actuelle a renforcé la reconnaissance de ce fait, car l'économie dicte que quelque chose est en quantité insuffisante.  Mais il y a une demande qui ne cesse de croître, entraînant une hausse des prix.  De nombreux investisseurs considèrent le bitcoin comme un moyen sûr de garder leur capital hors du marché financier, dont moi-même.

Le point le plus important à garder à l'esprit est que tous les autres cryptos sont étroitement liés au bitcoin. Leurs prix dépendent de la façon dont BTC le fait. Même si c'est le cas, certaines crypto-monnaies comme Ethereum sont extrêmement précieuses en raison de la valeur qu'elles offrent. Le réseau Ethereum est utilisé pour fabriquer ces jetons cryptographiques que j'ai mentionnés plus tôt. Il est possible de développer des sites Web et des applications décentralisés qui ne sont pas censurés et d'arrêter toutes les transactions impliquant la création et le transport de jetons. L'utilisation de ces applications nécessite de l'éther afin de couvrir les dépenses de gaz. Cela signifie que la demande d'eth augmente lorsque le réseau Ethereum gagne en popularité et qu'Ethereum a été largement utilisé. Visa a commencé à tester les paiements via le réseau Ethereum en utilisant le jeton USDT que j'ai mentionné précédemment. C'est la banque centrale européenne qui a même émis une obligation d'utiliser Ethereum. Chaîne de blocs Ethereum.

La raison pour laquelle le prix du BTC, de l'ETH et de toute autre crypto-monnaie fluctue quotidiennement est que personne ne connaît vraiment la valeur de ces technologies. Les prix des actions et de l'or, et même des devises conventionnelles, fluctuent quotidiennement pour la même raison, cependant, les crypto-monnaies sont plus volatiles car elles sont complètement nouvelles.  Les réseaux de crypto-monnaie vous permettent d'épargner, de prêter et même d'emprunter sans score financier, carte de crédit ou même banque.  Ils vous permettent de faire des affaires directement avec d'autres sans intermédiaires pour faire du profit.  Cela signifie que des géants des services comme Uber et des géants de la technologie comme Facebook pourraient être considérés comme obsolètes.  Ils permettent aux groupes de mettre leurs ressources en commun dans un seul compte, puis de voter sur ce qu'ils devraient les dépenser, ce qui finit par éliminer les besoins des gouvernements et corrompre les politiciens. On pourrait prétendre que la crypto est l'équivalent d'une innovation technologique qui pourrait menacer la puissance des structures de pouvoir actuelles. Le potentiel de cela peut rendre l'investisseur moyen en crypto extrêmement nerveux que même la plus petite chance d'une répression gouvernementale sur la crypto puisse entraîner un crash économique. Même la rumeur la plus scandaleuse pourrait provoquer une énorme résurgence du marché à long terme. Mais, il est clair que la crypto se développe, et la croissance ne s'arrêtera pas dans un avenir proche. Dans le présent, vous avez probablement un peu convaincu vos amis que la cryptographie est une entreprise légitime.

Quelles crypto-monnaies dois-je acheter ?

Avant de répondre à cette question, il est important de garder à l'esprit que je n'ai servir de conseiller financier ou de consultant en placement. En cas d'échec de votre investissement en crypto-monnaie, vous serez le seul responsable. Les crypto-monnaies dans lesquelles vous choisissez d'investir seront basées sur votre tolérance au risque et votre calendrier. En ce qui concerne les délais, le marché des crypto-monnaies semble suivre un cycle de 4 ans. C'est maintenant dans la phase de marché haussier, c'est-à-dire lorsque les prix augmentent progressivement. le marché haussier des crypto-monnaies pourrait se terminer cet automne, et peut-être jusqu'au début de 2022. La chance de vendre vos cryptos aux meilleurs prix est faible ou nulle. Mais, la majorité des cryptos ont vu la majorité de leurs gains dans ce marché haussier. Un taux de rendement de 3 à 5 % est envisageable. C'est encore plus probable lorsque vous décidez d'attendre le prochain marché haussier de la cryptographie.

Le fait amusant est que l'achat et la détention de crypto rapporteront approximativement le même montant d'argent lorsque vous négociez activement de la crypto-monnaie, ce que je ne recommande pas de faire à moins que vous n'ayez l'intention d'en faire une carrière à plein temps. La tolérance au risque peut être un peu sournoise étant donné que les crypto-monnaies sont un investissements risqués Cependant, il existe différents niveaux de risque sur le marché des crypto-monnaies. En réalité, plus vous êtes prêt à prendre de risques, meilleures sont les récompenses que vous pouvez vous attendre à gagner. L'un des moyens les plus efficaces d'évaluer le risque et la récompense consiste à prendre en compte la capitalisation boursière des crypto-monnaies. Il s'agit d'une mesure cruciale à examiner car la valeur en dollars de la crypto-monnaie peut être trompeuse.

 La capitalisation boursière d'une crypto-monnaie est calculée en utilisant la valeur actuelle du jeton ou de la pièce multipliée par son offre en circulation. Dogecoin est si élevé car il circule un montant de 130 milliards après quoi, en multipliant ce nombre par le prix de 30 cents pour dogecoin, cela vous donne une capitalisation boursière supplémentaire de 40 milliards de dollars. Vous pourriez croire que dogecoin offre la chance parfaite de gagner de l'argent rapidement, mais pour atteindre un dollar, il faudra plus de 80 milliards de dollars d'investissement actif. Ce n'est pas tout ce qui est susceptible de se produire en règle générale. Plus la capitalisation boursière, plus le potentiel de croissance de la crypto-monnaie sera élevé, quelle que soit sa valeur en dollars. Il faut moins d'argent pour augmenter la valeur de sa monnaie.

Pour un exemple plus extrême, le jeton YFII de yearn Finance a une valeur plus élevée que le bitcoin. Mais sa capitalisation boursière n'est que 20 fois celle de dogecoin. Cela signifie qu'il faudra moins de capital pour augmenter le prix du YFII , à l'exclusion du dogecoin et de quelques autres crypto-monnaies. La plupart des crypto-monnaies figurant sur la liste des 10 meilleures. Basées sur la capitalisation boursière, elles peuvent être considérées comme des investissements à faible risque. Les crypto-monnaies telles que Bitcoin, Ethereum et Cardano seront probablement présentes pendant un certain temps. Leur valeur augmentera probablement d'un facteur de trois ou plus avant que le marché actuel ne baisse. Les 90 autres cryptos du top 100 peuvent avoir des gains de 3 à 5x, mais plus vous descendez au bas de la pile, plus l'investissement est risqué car il faut moins de capital pour baisser leurs prix. Je recommanderais de rester à l'écart de toute crypto-monnaie qui ne figure pas dans le top 200 en termes de capitalisation boursière puisque la majorité des meilleurs projets ont déjà émergé des buissons et tout mouvement supplémentaire serait un pari.

## Chapitre 7 : Les yeux de l'aigle

### NFT Industries à surveiller de près

Les modes appartiennent peut-être au passé. Cependant, elles deviendront plus importantes.

Il y a beaucoup plus que je pourrais ajouter. C'est ma tentative de comprendre le sens de l'industrie NFT de longue date. Les catégories suivantes ont grandi et grandissent.

Jeux : L'utilisation des NFT dans les jeux est un choix évident. Il y a des milliards de dollars dépensés pour les skins, les mises à niveau et les power-ups et plus encore. Pourquoi ne devraient-ils pas payer lorsqu'ils reçoivent un #NFT que vous pouvez échanger ? Axie Infinity est sur la bonne voie pour dépasser le demi-milliard de dollars de revenus. C'est $ AXS évalué à 4 milliards de dollars. Le premier de beaucoup.

Art:

L'art a été collectionné sur de longues périodes.  C'est juste un moyen d'augmenter la dimension numérique. Lorsque nous commençons à explorer VR/AR/AI, je ne suis pas sûr de ce que les artistes vont créer.  L'une des industries NFT les plus rentables, générant entre 10 et 50 millions de dollars de plus de volume au cours des 9 derniers mois.

Objets de collection :

Il n'y a pas grand-chose à dire à ce sujet. Il y a un sentiment d'appartenance et de joie lorsque vous possédez ou collectionnez quelque chose que vous voulez. Cela inclut le punk, les jeux Pepe rares, le rock ou d'autres éléments de jeu.

Nous avons vu la MLB jouer à un jeu de sport à collectionner en ligne de la ligue fantastique au début. C'est une rareté et NBA Top Shot porte cette idée au niveau supérieur. Posséder des cartes/figurines/moments de vos joueurs préférés et les utiliser dans des jeux.

## Métaverse / Terre virtuelle :

C'est une idée large. Beaucoup pensent que nous nous dirigeons tous vers une vie virtuelle à travers de nombreux espaces virtuels interconnectés. Emportez avec nous notre identité, nos atouts et notre communauté. La vie virtuelle pourrait être une option que nous pouvons posséder par les NFT.

## Finance:

Vos NFT pourraient être utilisés comme garantie, loués et fractionnés afin que de nombreuses personnes y aient accès ou utilisés pour financer un régime d'assurance, utilisés pour les jalonner et obtenir des réductions de frais, etc. L'utilisation des NFT dans les protocoles financiers devient de plus en plus courante et continuera de se généraliser.

Identité:

Utiliser les NFT pour créer des avatars, utiliser des applications de médias sociaux ou dans des mondes virtuels, est déjà une option. Lorsqu'ils sont intégrés à des applications web3, ils sont identifiables et permettent d'accéder à d'autres fonctionnalités. Par exemple. Discordez les chaînes qui ne sont pas verrouillées par les NFT.

Mode:

Vêtements, objets vestimentaires ou tout ce que vous aimez. Cependant, si nous voulons vivre dans des mondes numériques, nous devrons faire en sorte que nos avatars soient beaux. Bitcoin, Decentraland est l'un des premiers tests. Les marques de luxe émergent sur le marché à mesure que ce secteur se développe.

Accéder:

Accès aux clubs virtuels dans Decentraland, accès au temps avec Gary Vee, accès à Mark Cuban, accès aux airdrops, les NFT fonctionnent exceptionnellement bien avec l'accès aux personnes/projets/espaces. Nous avons vu quelques expériences, mais c'est l'un des plus grands services offerts par la technologie.

Je ne peux pas vous aider, mais je pense que j'en ai oublié quelques-uns. N'hésitez pas à ajouter les vôtres. La chronologie ci-dessus est une tentative pour illustrer l'endroit où ces industries ont commencé. Il est possible que je me trompe, mais l'essentiel est qu'ils sont en développement depuis un certain temps avant le battage médiatique de cette année.

## Chapitre 8 : Comment créer un NFT gratuitement

Les NFT (jetons non fongibles) sont difficiles à obtenir sur Internet en ces derniers temps.

Si vous êtes un artisan ou un artiste, ou peut-être quelqu'un d'autre créatif, vous avez peut-être recherché des moyens de créer un NFT. Si tel est le cas, vous aurez probablement découvert que cela pourrait vous coûter au moins 100 $ en "frais de gaz", un coût essentiel pour gérer et approuver les transactions effectuées sur Ethereum chaîne de blocs Ethereum.

 C'est juste pour créer le NFT et nous n'envisageons pas du tout de le vendre. Il n'est pas possible d'éviter les frais associés à la vente de NFT (par exemple, payer le coût de vos transactions aux centres commerciaux). Cependant, il existe une alternative pour éviter ces frais pendant le processus d'impression. Nous verrons comment vous pouvez créer un NFT de manière totalement gratuite et pourquoi vous devriez y penser, que vous n'en vendiez jamais ou non.

La solution que je recommanderais est connue sous le nom de S!ng. Il n'est actuellement disponible que pour iOS, mais la société prévoit de publier l'application macOS très bientôt , puis éventuellement Android, mais il n'y a pas de délai précis pour l'option finale. Vous pourrez accéder au formulaire Web si vous avez demandé de l'aide avec votre application iOS, car la version Web n'est pas disponible comme alternative.

Quel que soit le nom, S!ng vous permet de créer pratiquement n'importe quel type de NFT qui inclut la possibilité de capturer des images, de l'audio ou des enregistrements via l'application, et un téléchargeur pour les documents à télécharger vers différents types de contenu qui peuvent être transformés en un NFT. Ceci est crucial car il n'y a aucun moyen de modifier les fonctionnalités, donc à moins que vous ne partagiez quelque chose au stade de l'idée, il est nécessaire d'utiliser la technique du transfert d'enregistrement.

L'avantage de S!ng, et la raison pour laquelle je l'utilise dans ce modèle particulier, est que vous ne connaissez pas la monnaie numérique ou les NFT pour l'utiliser. installez-le simplement sur l'App Store et créez votre propre enregistrement, puis vous êtes prêt à partir. Il crée même le compte d'épargne Ethereum, qui peut stocker vos données. Il s'agit généralement d'une approche distincte pour la plupart des administrations qui nécessite la création d'un autre enregistrement.

Une fois connecté à l'application et entré votre adresse e-mail, il vous sera demandé de vous inscrire pour obtenir de l'aide. Après cela, vous choisirez le nom que vous souhaitez utiliser sur S!ng et identifierez le type de fabricant que vous êtes parmi une liste de 10 possibilités.

Vous êtes maintenant prêt à démarrer un premier NFT et c'est plus facile.

Appuyez sur le bouton rond en bas de votre écran.

Sélectionnez le symbole qui correspond à l'élément que vous souhaitez créer ou transférer (Fichier ou photo ou vidéo).

Prendre ou transférer la substance.

Alternez le nom du NFT si vous le souhaitez.

Notes, collègues ou documents connexes en appuyant sur le bouton supplémentaire pour sécuriser.

 Appuyez sur Soumettre.L'application est maintenant capable de générer votre NFT. Cela n'a pris que quelques secondes pour créer les images que j'ai utilisées pour mes documents de test, mais le temps requis dépendra de la taille du document que vous déplacez et de la vitesse de votre entreprise.  S!ng a définitivement été testé avec des documents allant jusqu'à 150 Go, mais il n'y a pas de limite verticale spécifique pour la taille des enregistrements.

 Toutes nos félicitations ! Vous avez gagné un NFT ! Le logiciel vous permettra de parcourir, d'enregistrer ou même de partager efficacement vos NFT avec d'autres.

 Il est essentiel de savoir que les NFT imprimés à l'aide de S!ng peuvent être facilités par AWS et IPFS. La dernière option est un arrangement de documents sur blockchain sous la forme d'illustrer l'endroit où ces industries ont commencé. Il est possible que je me trompe, mais l'essentiel est qu'ils sont en développement depuis un certain temps avant le battage médiatique de cette année où ses derniers temps. Si vous êtes un artisan ou un artiste, ou peut-être quelqu'un d'autre créatif, vous avez peut-être recherché des moyens de créer un NFT. Si tel est le cas, vous aurez probablement découvert que cela pourrait vous coûter au moins 100 $ en "frais de gaz", un coût essentiel pour gérer et approuver les transactions effectuées sur Ethereum. Chaîne de blocs Ethereum.

C'est juste pour créer le NFT et nous n'envisageons pas du tout de le vendre. Il n'est pas possible d'éviter les frais associés à la vente de NFT (par exemple, payer le coût de vos transactions aux centres commerciaux). Cependant, il existe une alternative pour éviter ces frais pendant le processus d'impression. Nous verrons comment vous pouvez créer un NFT de manière totalement gratuite et pourquoi vous devriez y penser, que vous n'en vendiez jamais ou non.

La solution que je recommanderais est connue sous le nom de S!ng. Il n'est actuellement disponible que pour iOS, mais la société prévoit de publier l'application macOS qui peut stocker vos données. Il s'agit généralement d'une approche distincte pour la plupart des administrations qui nécessite la création d'un autre enregistrement.

Une fois connecté à l'application et entré votre adresse e-mail, il vous sera demandé de vous inscrire pour obtenir de l'aide. Après cela, vous choisirez le nom que vous souhaitez utiliser sur S!ng et identifierez le type de fabricant que vous êtes parmi une liste de 10 possibilités.

Vous êtes maintenant prêt à démarrer un premier NFT et c'est plus facile.

Appuyez sur le bouton rond en bas de votre écran.

Sélectionnez le symbole qui correspond à l'élément que vous souhaitez créer ou transférer (Fichier ou photo ou vidéo).

Prendre ou transférer la substance.

Alternez le nom du NFT si vous le souhaitez.

Notes, collègues ou documents connexes en appuyant sur le bouton supplémentaire pour sécuriser.

Appuyez sur Soumettre.qui peut stocker vos données. Il s'agit généralement d'une approche distincte pour la plupart des administrations qui nécessite la création d'un autre enregistrement.

Une fois connecté à l'application et entré votre adresse e-mail, il vous sera demandé de vous inscrire pour obtenir de l'aide. Après cela, vous choisirez le nom que vous souhaitez utiliser sur S!ng et identifierez le type de fabricant que vous êtes parmi une liste de 10 possibilités.

Vous êtes maintenant prêt à démarrer un premier NFT et c'est plus facile.

Appuyez sur le bouton rond en bas de votre écran.

Sélectionnez le symbole qui correspond à l'élément que vous souhaitez créer ou transférer (Fichier ou photo ou vidéo).

Prendre ou transférer la substance.

Alternez le nom du NFT si vous le souhaitez.

Enregistrer via l'application, et un téléchargeur pour les documents à télécharger vers différents types de contenu qui peuvent être transformés en un NFT. Ceci est crucial car il n'y a aucun moyen de modifier les fonctionnalités, donc à moins que vous ne partagiez quelque chose au stade de l'idée, il est nécessaire d'utiliser la technique du transfert d'enregistrement.

Quel que soit le nom, S!ng vous permet de créer pratiquement n'importe quel type de NFT qui inclut la possibilité de capturer des images, de l'audio ou des enregistrements via l'application, et un téléchargeur pour les documents à télécharger vers différents types de contenu qui peuvent être transformés en un NFT. Ceci est crucial car il n'y a aucun moyen de modifier les fonctionnalités, donc à moins que vous ne partagiez quelque chose au stade de l'idée, il est

 Appuyez sur Soumettre.. Les NFT fonctionnent à l'aide de la blockchain Ethereum, qui utilise la norme ERC-721. C'est une façon fantaisiste de dire que, que S!ng se désintègre ou non, du fait de l'organisation Ethereum, vos données restent impeccables (mis à part leStockage AWS ; vous ne pourrez pas accéder au stockage).

Quelle est la meilleure façon de gagner de l'argent en vendant votre NFT en utilisant S!ng ?

La section de l'histoire qui n'est pas incluse dans S!ng est un établissement qui vend vos NFT. La société prévoit d'en lancer un à la fin du mois, mais selon toute vraisemblance, son ouverture deviendra un centre commercial fermé composé d'un groupe de musiciens organisé. Le contenu ne se limitera pas à la musique uniquement, mais des spécialistes visuels travailleront avec des artistes pour créer le contenu qu'ils publieront pour leurs sorties NFT.

L'aide finira par s'étendre au-delà de la musique, mais tout comme le titre, la musique est au centre de S!ng. Le directeur de produit en chef sera Raine Maida, le chanteur principal du groupe Our Lady Peace. Il considère le programme comme une opportunité pour les artisans de se connecter de manière plus directe avec leurs fans et de leur fournir un produit original sans l'interférence d'un outsider.

Pour ceux qui n'ont pas le statut de célébrité, S!ng essaie de fournir une combinaison avec les plus grands hubs commerciaux NFT accessibles, ce qui signifie que quiconque possède l'application peut certainement vendre ses performances. Cette assistance devrait être proposée très prochainement, conformément à S!ng, et nous vous fournirons des instructions dès qu'elles seront disponibles.

Pourquoi devriez-vous créer un NFT dans le cas peu probable où vous n'auriez pas l'intention de le vendre ?

Quelle que soit la raison, que vous ayez ou non l'intention de vendre un NFT, il existe de nombreuses raisons d'utiliser S!ng. Il a été initialement conçu comme un moyen pour les esprits innovants de collaborer avec une trace claire et incontestée de qui a inventé l'idée et quand. La blockchain est la meilleure solution à cela car elle vous permet de publier du contenu avec un horodatage sûr et clair qui est automatiquement mis à jour par la blockchain fournissant la preuve de l'invention initiale. Les pionniers Jim Harmon et Geoff Osler ont reconnu les vastes implications de cela et ont créé Maida avec leur aide en adoptant son nouveau centre de musique. La possibilité d'utiliser l'innovation de base et de permettre aux clients d'utiliser les prochains NFT était essentiellement un avantage supplémentaire.

La nécessité de garantir la validité des innovations sous licence (PI) sera plus cruciale qu'à tout autre moment de l'histoire récente, car nous pouvons facilement partager du contenu via Internet. Maida faisait référence à TikTok par exemple. L'harmonie en deux parties de la scène permet aux utilisateurs de jouer le contenu de l'autre tout en reconnaissant l'autre. Elle crée un environnement d'interaction passionnant entre les créatifs, mais elle comporte aussi des risques vis-à-vis de la PI qui s'introduit dans le monde des métiers.

 Peu importe, s'il s'agit d'une alliance entre artisans, universitaires, innovateurs, artistes, ingénieurs en logiciel ou tout autre fabricant capable d'échanger et de transférer des informations tout en conservant une chaîne de tutelle sans équivoque de la propriété intellectuelle est extrêmement précieux et S!ng est déterminé à la rendre aussi simple que possible.

Le choix de faire un NFT pour absolument rien

Il existe différentes options pour créer un NFT sans frais, mais elles ne sont pas aussi simples à utiliser. L'un d'eux est OpenSea qui est probablement le plus grand centre NFT commercial. Si vous n'avez pas de gadget iOS et que vous souhaitez vendre et fabriquer des NFT, cela pourrait être la meilleure option.

OpenSea est assez simple en termes de création d'enregistrements et fournit une assistance beaucoup plus complète pour différents types de contenu.  Cependant, vous devez d'abord créer un autre portefeuille Ethereum et le connecter et lié au compte OpenSea.  Cela vous aide à vous guider tout au long de ce processus, mais ce n'est pas aussi cohérent qu'avec S!ng.

 Il est également à noter qu'il n'a pas de programme pour créer des NFT.  Bien que ce ne soit pas un problème pour les grands projets qu'il est prévu d'acheter, il n'offre pas certains des autres avantages pour les créatifs S!ng donne, par exemple, la possibilité de faire un NFT.

Le deuxième motif est que c'est une surprise qu'il est prévu d'acheter, il n'offre pas certains des autres avantages pour les créatifs S!ng donne, par exemple, la possibilité de faire un NFT.

## Chapitre 9: Erreurs courantes commises par Nft dont vous devez vous méfier

Avant de plonger la tête première vers le terrain des NFT Il y a quelques erreurs les plus courantes que vous devriez éviter. Bien que le développement et la vente de NFT ne durent pas depuis longtemps, il est évident que certaines personnes commettent les mêmes erreurs à plusieurs reprises.

Ces erreurs pourraient entraîner un désastre pour votre progression dans ce monde NFT. Il y a de fortes chances que vous fassiez quelques erreurs mineures au début et c'est très bien. Tant que vous tirez les leçons de ces erreurs, tout va bien. La chose la plus importante à faire est d'être conscient de ces erreurs majeures qui pourraient faire la différence entre le succès et l'échec.

1. **Penser à trop court terme**

Certains NFT ont coûté des millions de dollars au cours de la dernière année. Cependant, cela ne signifie pas que vous pouvez créer des NFT et y investir et gagner une somme d'argent importante dès la première tentative. Si vous essayez de gagner de l'argent trop rapidement en utilisant les NFT et que vous échouez, il est probable que vous tombiez bref et laissez tomber tout le concept.

Il est évident qu'il est vrai que le voyage NFT est une expérience passionnante. Cependant, cela ne signifie pas que vous serez millionnaire à la fin de la semaine prochaine. Si vous abordez les NFT avec une approche "devenez riche rapidement", vous risquez fort de ne pas réussir.

La meilleure méthode pour réussir dans le domaine des NFT est de créer de la valeur. De plus, vous devez faire preuve de beaucoup de patience car vous ne pourrez peut-être pas vendre vos NFT immédiatement. Continuez vos efforts de marketing et de marketing, et faites l'effort de créer des partenariats et des collaborations qui vous seront bénéfiques dans un proche avenir. Si vous vous engagez à jouer la stratégie NFT, vous devez vous y engager sur le long terme.

## 2. N'en faites-vous pas assez pour promouvoir vos NFT ?

Il ne suffit pas de démarrer vos NFT, puis de répertorier leurs détails sur OpenSea et d'attendre que les fonds commencent à arriver. Il y a des millions de NFT qui sont sur OpenSea et la majorité ont de difficulté à trouver des acheteurs.

Ne vous laissez pas berner par votre idée de "construire la fondation et ensuite ils suivront". Il est peu probable que cela se produise. Il est essentiel de développer votre propre plan marketing et de le suivre. Découvrez qui est votre public, puis déterminez les endroits où ils vont se retrouver.

Utilisez les plateformes de médias sociaux pour augmenter la puissance de vos promotions NFT. Utilisez également les forums Discord, Clubhouse et Reddit à votre avantage. Faites tout votre possible pour vous assurer que les gens connaissent vos NFT et les compétences que vous possédez.

Il y en a qui pourraient avoir de la chance avec les NFT. Ils pourraient les mettre sur OpenSea et les vendre en peu de temps, puis demander aux gens d'en acheter plus. Ce genre de situations est extrêmement rare. Il est impossible de compter sur ce type de chance, alors assurez-vous de créer un plan marketing et de le mettre en œuvre.

3. **Choisir le mauvais marché pour vos NFT.**

C'est une autre erreur courante dont nous entendons parler à maintes reprises. Les créateurs de NFT n'ont pas le temps de mener l'étude nécessaire et choisissent OpenSea car c'est la plus grande plateforme. Bien sûr, OpenSea compte un grand nombre d'utilisateurs (près de 40 millions par mois et en augmentation), mais cela ne signifie pas qu'il s'agit de la plate-forme la plus appropriée pour les NFT.

Il y a beaucoup de choses que vous devez savoir sur le marché NFT avant de l'utiliser. Le plus important est de savoir si vos clients potentiels utilisent ce marché. Il est important de déterminer si les NFT que vous souhaitez construire correspondent parfaitement à l'esprit du marché.

Il y a beaucoup de nouveaux marchés NFT qui apparaissent tous les jours, il est important de s'assurer que celui que vous envisagez d'utiliser est sécurisé. Le nombre de personnes qui participent au marché est vital, mais le plus important est le degré auquel la communauté est amicale et réactive.Malheureusement, il existe des sites Web NFT frauduleux en activité. Ils vous prendront simplement de l'argent pour le paiement d'Ethereum par exemple, et vous ne vendez rien. Pour rester à l'écart de ces sites Web NFT frauduleux, vous pouvez utiliser ce site Web Dapp Radar pour vérifier l'authenticité.

## 4. **NFT bon marché à faire**

Plus vous êtes en mesure d'investir dans votre entreprise NFT, plus vous pouvez y investir. Beaucoup de gens tombent dans le piège de croire que le monde des NFT est gratuit car ils sont capables de tout faire fonctionner à faible coût. Bien que certaines plateformes ne facturent pas de frais pour l'inscription, la majorité des plateformes de qualité supérieure le font, vous devez donc en tenir compte dans le budget NFT.

Nous vous avons expliqué à plusieurs reprises dans cet article comment le système de blockchain Ethereum est de loin le plus populaire des NFT. Si vous souhaitez utiliser le réseau Ethereum, vous devrez probablement payer le gaz.

Il est important de mettre de l'argent dans votre marketing NFT aussi. Si vous n'avez pas une base de fans massive sur Facebook, vous devrez utiliser des publicités sur les réseaux sociaux pour promouvoir vos NFT. C'est une méthode abordable pour obtenir des résultats rapidement.

Bien qu'il soit possible que les coûts d'inscription et d'essence baissent lorsque les NFT deviennent plus populaires, cela ne peut être garanti et vous ne devriez pas être sûr que cela se produise. Si les frais diminuent, vous pouvez utiliser l'argent que vous avez économisé pour investir dans du marketing supplémentaire. Vous devez être prêt à prendre ce processus NFT au sérieux. soyez prêt à y investir votre argent pour lui donner les meilleures chances de succès.

## 5. Incertain de la fonction NFT de processus

Il y a une raison pour laquelle nous avons inclus un chapitre entier sur le fonctionnement des NFT plus tôt dans cet article. Nous avons vu de nombreuses personnes commettre des erreurs coûteuses en raison du fait qu'elles n'étaient pas au courant des principes fondamentaux de la technologie blockchain et de la cryptographie.Il est crucial de connaître le fonctionnement des NFT et le fonctionnement de la blockchain. Si vous devez relire le chapitre, prenez le temps de le faire. Nous avons essayé tout ce que nous pouvions pour nous assurer que le texte soit aussi simple à comprendre que possible, mais il y a certains aspects techniques des NFT et de la blockchain que vous devez au moins comprendre en termes de base.

## Chapitre 10 : Que faire pour localiser des NFT de haute qualitéLes NFT se vendent pour plusieurs milliers. vous pensez peut-être : que puis-je faire

# pourtrouver l'un de ces incroyables NFT ?

Dans cet article, je vais vous montrer trois façons de localiser les NFT importants.

On pense que le NFT ci-dessous est un dessin de Buterin en italique qui a été vendu aux enchères au prix de 141 000 ethereum et vous vous demandez peut-être quelle est la raison de payer un prix aussi élevé pour une œuvre d'art numérique ?  Cela nous amène à notre méthode numéro un, qui est :

Faire un NFT, être un Influenceur ou acheter des NFT à une personne d'Influence

Le tableau qui apparaît ci-dessus a été conçu par une personne connue sous le nom de "Trevor Jones". cet artiste a acquis une image dans les illustrations NFT. Par conséquent, lorsqu'ils réalisent une peinture, le public achète pratiquement l'image.

Si vous êtes influent ou une plateforme en ligne, cela peut être une source de marketing. Nous pouvons le voir dans le créateur de « Rick et Morty » Justin Roiland ; dès que l'artiste crée une œuvre d'art, les gens en sont conscients et croient en son nom.

C'est quelque chose qui est évident dans le monde de l'art au quotidien. Les gens n'ont pas à payer pour le travail imprimé sur papier, mais ils paient l'artiste, et c'est comme ça que ça marche. Des choses similaires se produisent dans le monde de l'art NFT, mais la plupart des personnes qui lisent le livre ont de l'influence ou ont un public, mais ne vous inquiétez pas, je vous ai couvert et je vous montrerai comment surmonter cet obstacle.

Justin Roiland, qui a une suite, a décidé de créer sa propre collection d'art NFT. Bien sûr, il obtiendra une exposition immédiate et est destiné à être vendu. Si vous visitez Niftygate, vous remarquerez que c'est le site où Justin Roiland a décidé de présenter sa collection.

Il est évident que la majorité des pièces sont épuisées. Si nous cliquons sur "licences éligibles" qui fait partie des œuvres d'art, il est clair qu'il y a 100 pièces, mais elles ont presque toutes été vendues.

Un aspect clé des NFT est qu'ils ne sont pas des jetons fongibles, ce qui signifie qu'ils sont rare, et parfois un seul disponible. La raison est que l'investissement dans les NFT est différent de l'investissement dans la crypto-monnaie traditionnelle. Si quelqu'un a effectué toutes les recherches nécessaires pour un projet lié à la crypto-monnaie et constate que ses recherches suggèrent qu'il devrait acheter, il peut dupliquer ses transactions, mais gardez à l'esprit que les NFT ne sont pas illimités, ce qui signifie que lorsqu'il n'y en a que cinq disponibles , ils ne peuvent pas effectuer toutes les recherches avant de copier le commerce, puis l'acheter car ils devront l'acheter à son propriétaire.

Dans ce domaine, je ne vous dis pas quoi acheter, mais je veux montrer aux acheteurs comment acheter, car il est plus important de connaître la meilleure façon d'acheter. Par exemple, avec ce créateur particulier de Rick et Morty, il est maintenant revendu sur le marché, et nous pouvons voir des "célibataires éligibles" qui se vendent à différents prix.

Si vous êtes à ce stade, vous pouvez avoir l'impression d'être en retard.

Cependant, si vous n'êtes pas une personne influente et n'ayant pas de présence en ligne, la stratégie que je vais vous proposer est d'attirer l'attention d'une personne influente et je vais vous montrer un exemple. Logan Paul est une personne influente qui publiera des NFT et, puisque vous connaissez Logan Paul ou peut-être une autre personne populaire, et que vous suivez leurs comptes Twitter et Facebook, vous saurez plus tôt que les autres qu'ils vont pour émettre un NFT.

Ce n'est pas mon intention de vous suggérer d'acheter les NFT de Logan Paul. Ceci n'est qu'un exemple. S'ils décident de lancer le NFT, ils pourront l'acheter avant tout le monde, mais le danger est que vous achetiez un NFT qui n'intéresse personne d'autre.

Vous pourrez peut-être l'acheter à un prix abordable, mais il ne sera peut-être pas possible de le revendre par la suite.

Une autre façon que je veux utiliser est:

Gagner du terrain auprès des influenceurs

Cette stratégie peut aider à réduire le risque. Par exemple, supposons que Logan Paul publie NFT et qu'une personne l'achète pour cent dollars, et le lendemain, quelqu'un l'achète pour cent cinquante dollars, et immédiatement une personne supplémentaire l'achète pour 200 dollars. Il est évident qu'il gagne en popularité, et cela pourrait être une excellente occasion de l'acheter s'il y a une tendance où les consommateurs paieront plus, mais si vous vous lancez trop tôt, vous pourriez acheter quelque chose que personne d'autre ne voudrait.

Il est clair que Lindsay Lohan et Tiger le rappeur sont immédiatement accessibles et sont actuellement l'un des artistes les plus vendus sur Rarable, mais gardez à l'esprit que nous ne sommes pas ceux qui ont de l'influence. Que pourrions-nous faire à la place ?  suivez les personnes qui ont de l'influence et gagnez du terrain.

Vous êtes peut-être la personne la plus influente dans le monde de l'art crypto. La maison de vente aux enchères Christie's prévoit de proposer de l'art NFT du célèbre artiste numérique Beeple.  C'est quoi Beeple ?

Beeple est un gars connu sous le nom de MikeWinkeLmann et c'est un père du Wisconsin qui conduit un peu de shitcorolla.

 Il s'agit d'une personne normale qui a construit sa propre réputation et son influence dans le monde des médias numériques et il est possible que vous fassiez une œuvre d'art au hasard sur Rarable et peut-être un jour, vous serez cette personne et l'œuvre pourrait être vendue mais la chance est bas. Il est plus probable que vous puissiez vendre de l'art NFT qui vaut la peine d'être acheté lorsque vous achetez l'œuvre d'art à quelqu'un qui s'est fait un nom.

 Ce n'est pas comme si je jetais le concept de créer votre propre NFT par la fenêtre. C'est votre choix d'aller de l'avant et de devenir le prochain who mania, ou le prochain Michael Von winkelmann.

 La deuxième stratégie ne dépend pas de la réputation de l'influenceur cependant, elle implique ;

# Réputation d'une plateforme Réputation d'une plateforme

Si nous examinons les NFT les plus chers qui sont vendus, nous constaterons qu'ils sont vendus sur ces mêmes réseaux.

Le NFT (9 terrains de genèse) d'AXIE infinity a été vendu à 1,5 million de dollars. Comme on peut le voir sur la liste ci-dessus, il y avait une deuxième version d'AXIE infinity qui a été vendue pour l'un des trente-six mille dollars. En outre, nous pouvons voir un autre NFT de cryptopunk, qui a été vendu pour sept cent quarante-sept mille dollars, connu sous le nom d'étranger.

OpenSea est une autre plate-forme qui vous permet d'acheter et de vendre des NFT commerciaux. Si vous vous inscrivez à openSea, vous pourrez continuer et échanger ce cryptopunk. Il en va de même pour les cryptokitties. OpenSea offre tout ce que vous pouvez imaginer, mais la majorité des produits sur ces plateformes ne se vendent pas.

Ce que nous avons appris de la première approche, c'est que vous ne pouvez pas créer un NFT sur ces plateformes et espérer le vendre au prix le plus élevé, cependant vous pouvez suivre le processus pour gagner popularité. Regardons une instance utilisant NBA ; NBA top shot est une plate-forme NFT qui n'est pas construite sur ethereum. il est construit sur la blockchain de flux développée par les laboratoires dapper et vous permet d'utiliser, d'acheter et de vendre des NFT.

Il est vrai que la majorité des NFT sont extrêmement chers en ce moment, car nous pouvons voir que les NFT de LeBron James coûtent 200 000 $. La méthode que nous utiliserions pour gagner du terrain consiste à jeter un œil au NFT de

LeBron James. LeBron James NFT, notez que nous sommes un peu en retard avec ce NFT particulier, mais je vais vous montrer comment vous pouvez y parvenir en utilisant des NFT plus récents qui ne sont pas vendus pour le moment.

Si on regarde dans le passé de ce NFT et disons qu'on était au début du marché et qu'on suivait le marché, on observe que le prix de vente initial était de 1500$.

Il a ensuite été vendu pour 1780 $, a été acheté pour 1780 $, et plus tard, il a été acheté pour 2000 $. Ce sera à ce stade que nous saurons que ce NFT attire davantage l'attention. Après un couplé des ventes, nous pouvons observer que les gens l'achètent et qu'il gagne en popularité. C'est environ 2000 $ que je voudrais rejoindre. Bien sûr, certains tarifs peuvent ne pas convenir à certaines personnes, mais le fait est que c'est ce qui concerne les NFT en tant que type de jeu que vous payez.

Il existe un mythe qui dit que les NFT se lancent simplement sur le marché et créent un art, et que vous êtes riche, mais ce n'est pas le cas. La seule façon dont cette méthode peut fonctionner est si vous êtes une personne influente et avez la possibilité de vendre vos services. Si vous ne faites pas partie de ces personnes, vous devrez alors payer le privilège afin d'acquérir l'une de ces personnes NFT utiles.

Si nous voulons aller au top shot de la NBA et jeter un œil aux coûts inférieurs des NFT sur le marché actuel

Il ressort qu'il y a des NFT qui se négocient contre

2 $, 3 $, 4 $ et ainsi de suite. C'est le bon moment pour investir dans l'un de ces NFT et recherchez des signes de gains.

Les gens achèteront-ils le NFT ? Cela est possible sur n'importe quelle plate-forme, et chaque fois que vous cliquez sur un NFT, il affichera l'historique passé.

Il montrera également ce que les autres enchérisseurs ont offert et révélera ce que les acheteurs étaient prêts à payer. Si vous êtes au petit matin et que vous faites attention, et que vous voyez qu'un NFT a été vendu aux enchères pour 100 $ et 150 $, puis 200 $, 300 $ et 800 $, vous saurez qu'il prend de l'ampleur et c'est votre point de départ.

Les deux premières méthodes dépendent fortement de la réputation ou de la réputation de l'individu ou de la réputation de la plateforme, mais la troisième option ne dépend pas autant de la réputation, et c'est :

## Espace des Noms de Domaine

Si nous visitons OpenSea, nous pouvons constater que certains noms de domaine qui s'y trouvent ont été achetés à un prix élevé.

Il est intéressant de noter que tous les noms sont extrêmement courts; amazone; Ève, portefeuille; East, crypto.eth et ce que nous avons appris de la bulle Internet précédente, c'est que les individus seraient prêts à débourser une somme d'argent importante pour acquérir un domaine de valeur. Les dot coms ont été vendus pour des millions de dollars

Dans le cas d'opensea, la principale chose à retenir lors de l'achat du meilleur nom de domaine est d'acheter quelque chose en utilisant un seul mot. Cependant, il y a des moments où vous pouvez vous débrouiller avec seulement deux mots, comme nous l'avons observé avec carinsurance.com. Comme vous le verrez, bon nombre des noms de domaine les plus recherchés sont extrêmement courts. Il est peu probable que les noms de domaine à trois mots soient aussi précieux dans un avenir proche.

Vous allez maintenant parier sur lequel de ces noms de domaine de fermeture prévaudra. Il y a dot eth ainsi que dot crypto; point zil, qui est pour zilka, et d'autres noms de domaine disponibles. Nous avons vu avec dot com que cars.com est un excellent investissement. cependantcars.net ne l'est pas, donc le pari que vous faites dans ce cas est le pari sur lequel parmi ces noms va gagner dans les 20 prochaines années.

Le nom pourrait-il être Dot Crypto ? Serait-ce dotzillaka? Dot Eth ou un autre cependant, cela ne s'arrête pas là. Encore faut-il trouver un nom initial qui soit petit et il y a deux manières d'y parvenir :

Nous utiliserons l'approche consistant à gagner du terrain pour ceux qui souhaitent posséder un domaine extrêmement lucratif avec juste un mot exact, tel que des emplois. Si vous le faites, vous devrez le vendre sur le marché libre et payer une prime ou même commencer à zéro.

Comme vous le verrez à partir de ces méthodes, cela ne vous donne pas quoi acheter, mais vous aide à choisir ce qu'il faut acheter et une chose que nous avons observée à travers les trois stratégies est que l'obtention de traction pourrait être le meilleur choix.  Ne soyez pas trop tôt pourrait vous amener à acheter quelque chose dont personne ne veut, cependant, si vous achetez quelque chose qui devient attention et gagne du terrain, cela vous donnera une indication qu'il en vaut la peine et que les gens s'y intéressent.

# Chapitre 11 : Un nouvel avenir pour les Nft - Potentiel de croissance des Nft

Le secteur NFT est extrêmement nouveau et connaît constamment une croissance rapide. Étant donné que les NFT sont nouveaux et constituent une force perturbatrice dans le domaine des actifs numériques, leur avenir est en grande partie inconnu. Il n'y a aucun moyen de savoir ce qui nous attend pour l'avenir des NFT. Le degré d'innovation et de progrès technologique associé à ce domaine est un candidat potentiel fort pour une technologie de la génération future qui est susceptible d'avoir une influence déterminante dans notre vie quotidienne. En revanche, la gestion inefficace des NFT pourrait entraîner leur disparition. Dans ce chapitre, nous allons essayer d'explorer ce que l'avenir réserve aux NFT et comment ils peuvent se développer. Les nombreux aspects qui contribueront à la fabrication des NFT seront discutés. La scène NFT sera discutée plus en détail.

## 8.1 Le marché NFT est la prochaine bulle technologique

L'essor du marché NFT a été stimulé par l'intérêt astronomique des investisseurs, qui a amené une abondance de nouveaux acteurs dans l'industrie. On croit que la vaste grande partie des transactions sur le marché NFT sont effectuées entre des personnes qui souhaitent profiter de cette dernière tendance. La croissance rapide du marché NFT a fait craindre le développement d'une bulle sur le marché. Une bulle financière est un cycle économique dans lequel la valeur des actifs augmente rapidement. Si la bulle éclate, les actifs perdent généralement de la valeur.

Pour déterminer s'il est approprié d'utiliser le terme "bulle" pour décrire le marché actuel des NFT, il faut d'abord examiner comment l'intérêt pour les NFT est susceptible d'évoluer dans le temps. Alors que la majorité de ceux qui sont impliqués dans les NFT sont des entreprises d'investissement, certains achètent des NFT pour les collecter. Par exemple, il y a un collectionneur d'art numérique connu sous le nom de Cao Yin, qui a vu la valeur des NFT dès 2017 lorsqu'il a acheté son premier NFT pour entre 2 000 $ et 1 000 $. En seulement cinq ans, le NFT est passé à environ 1 million de dollars. Malgré le potentiel de profits massifs de la négociation du NFT avec des acheteurs qui le souhaitent, Cao Yin a choisi de ne pas le laisser partir et a décidé de le conserver dans sa collection d'œuvres numériques. Il fait partie du nombre croissant de collectionneurs qui ont démontré une grande volonté d'investir dans les actifs numériques.

Bien que ces collectionneurs voient un avantage évident à investir dans le monde numérique, Cao Yin poursuit en affirmant qu'"il y a la possibilité d'une bulle. Il y a beaucoup de bulles, et les bulles sont très grosses. Cependant, les joyaux et les chefs-d'œuvre sont sous-évalués". . Cela nous permet d'établir des liens entre le marché NFT actuel ainsi que le marché mondial des collectionneurs de 370 milliards de dollars et la possibilité que de superbes actifs numériques valent la même valeur que le vase de la dynastie Qing de 8 millions de dollars ou le Codex de 31 millions de dollars composé par Léonard de Vinci. Étant donné que nous pouvons suivre l'arrière-plan de chaque NFT via la blockchain, les travaux historiques du futur pourraient être réalisés dans un proche avenir. De nombreuses œuvres numériques sont actuellement créées et bien que la plupart ils tomberont dans l'ombre mais il y en aura qui deviendront désirables et recherchés.

## 8.2 Relation avec les crypto-monnaies

L'utilisation de la crypto-monnaie et de la technologie blockchain est rapide. Les NFT bénéficieront probablement de la croissance de la crypto-monnaie car ils sont généralement interconnectés. Cela est dû au fait que les NFT sont négociés exclusivement via des crypto-monnaies sur les marchés NFT. En gardant leur valeur dans les devises respectives en approvisionnement constant, ils devraient augmenter à mesure que le prix de ces devises augmente. Comme plus d'argent est investi dans le marché de la crypto-monnaie, nous pourrions nous attendre à ce qu'une partie du capital fasse son chemin dans les NFT, marché

NFT. Il est donc possible que les NFT se développent de la même manière que celle du marché de la cryptographie. Cela semble être très positif pour le marché NFT.

## 8.3 Numérisation des actifs existants

Il y a une autre utilisation intrigante des NFT qui peuvent être utilisés pour numériser des actifs existants. Intelligentes capacités des contrats pour chaque NFT permettront aux gens de gérer leurs actifs à des niveaux plus élevés. L'application des NFT pourrait permettre de rationaliser les formalités administratives existantes de la législation afin de créer les résultats les plus efficaces pour tous ceux qui sont impliqués dans la gestion des actifs.

 Au début, des actifs tels que des biens et des actions pourraient être symbolisés. Les fondations ont été posées pour s'assurer que le changement peut être effectué en douceur.  Avec les NFT, la représentation des actifs est aussi efficace que par le passé.  Cependant, les NFT offrent un éventail plus large de fonctionnalités qui pourraient encourager le transfert d'actifs vers les NFT.

## 8.3.1 Droits de vote de l'actionnaire

Les actifs traditionnels tels que les actions de sociétés peuvent offrir une abondance d'avantages aux investisseurs. En premier lieu, cela élimine le besoin de longs documents de propriété. Les actions avec droit de vote symbolisées peuvent permettre aux actionnaires de participer davantage efficacement lors de la prise de décisions. Le vote traditionnel sur les décisions nécessite la présence de tous les principaux actionnaires, afin qu'ils soient en mesure de parvenir à un consensus sur les décisions que l'entreprise doit prendre à l'avenir. Cela pourrait entraîner des frais de déplacement et de placement qui ne profitent pas à toutes les personnes concernées. Si les certificats d'actions sont tokenisés, la propriété de ces actions pourra être vérifiée via une connexion à distance, ce qui permettra au processus de vote d'avoir lieu sans qu'il soit nécessaire de réunir tous les actionnaires. Cela contribuera à accélérer le processus de prise de décisions, car il ne sera pas nécessaire de reporter les décisions commerciales jusqu'à une prochaine assemblée des actionnaires.

**8.3.2 Fiducies**

Les fonds fiduciaires peuvent aujourd'hui être établis avec des conditions spécifiques quant au moment où les fonds seront distribués aux bénéficiaires. Par exemple, un fonds en fiducie peut être créé par une personne qui souhaite distribuer 200 000 $ à un membre de sa famille après avoir terminer avec succès leurs études collégiales. Des contrats intelligents peuvent être créés pour réaliser les souhaits exprimés par la personne qui a créé le fonds fiduciaire. Par exemple, le contrat peut permettre de racheter 200 000 $ suite à la réception d'un NFT lié à la confirmation que le membre de votre famille a atteint l'achèvement. Les créateurs de contrats intelligents sont assurés que leurs choix sont effectués de la manière dont ils ont été conçus même après leur mort. Il s'agit d'un problème car les contrats sont souvent conçus pour être interprétés par les tribunaux, ce qui peut entraîner de longs litiges. En un mot, choisir d'utiliser des contrats intelligents ou des NFT pour conclure des accords financiers et juridiques offrirait plus de valeur par rapport aux systèmes juridiques conventionnels, car il y aura plus de chances que les stipulations soient remplies plus précisément.

### 8.3.3 Polices d'assurance

Comme les marchés de capital-risque conventionnels, on pense que les NFT améliorera considérablement le domaine de l'assurance. Il n'est pas rare que les compagnies d'assurance exigent de nombreuses formes de documentation ainsi qu'une myriade d'étapes complexes pour traiter la réclamation d'assurance. Même si la réclamation est légitime et que l'argent de l'entreprise pourrait être retardé jusqu'à ce qu'il vous parvienne. Dans le secteur de l'assurance, il est essentiel d'être plus efficace pour résoudre ces problèmes et tout cela est rendu possible grâce aux NFT. En outre, ils peuvent être utilisés pour élaborer des plans de développement de nouvelles formes d'assurance médicale. Il s'agit notamment des polices d'assurance conçues et mises en œuvre en fonction de la disponibilité des preuves. Si vous êtes malade et hospitalisé, il se peut que l'établissement de santé vous présente un NFT qui montre que vous avez été blessé d'une manière spécifique et que vous êtes donc qualifié pour une réclamation d'assurance particulière. Vous pouvez ensuite racheter ce NFT émis à vos propres frais pour obtenir le montant du paiement. Il ne s'agit pas seulement de gagner du temps pour traiter la paperasse, mais aider les assurés à obtenir leurs réclamations d'assurance plus rapidement.

## 8.4 Croissance exponentielle

Les NFT sont susceptibles d'adopter la forme d'un modèle exponentiel. Cela est dû aux boucles de rétroaction positives qui augmentent les avantages des NFT. Au moment où les NFT ont été introduits pour la première fois dans les premiers jours, il y avait un besoin urgent de créer la confiance autour de la légitimité et de l'idée des NFT avant que tout intérêt ne soit généré pour les NFT. C'est aussi l'inverse. Il doit y avoir suffisamment d'intérêt pour le NFT pour qu'un consensus ferme sur l'idée et la validité des NFT puisse être établi. Cela signifie qu'une fois que suffisamment d'intérêt est généré, une boucle de rétroaction positive pourrait être développée, et l'augmentation de l'intérêt peut être un catalyseur pour une acceptation plus large de la propriété par les NFT, ce qui, à son tour, contribue à générer plus d'intérêt pour cet espace NFT. Cette réaction en chaîne indique la possibilité que l'espace NFT se développe de manière exponentielle.

La meilleure partie des NFT est les principes sous-jacents à leur utilisation ont déjà été établis. NFT en tant que représentation viable de la propriété des actifs numériques a reçu un large soutien et a suscité un grand intérêt pour NFT. La tendance est susceptible de continuer à croître et à s'auto-renforcer, et aboutira à terme à une intégration massive des NFT dans nos systèmes et sociétés financières modernes. Cela se traduira probablement par une quantité inimaginable de capitaux affluant vers les marchés NFT.

## 8.5 La Blockchain ainsi que les NFT sont une superbe solution de gestion de données

À bien des égards, la blockchain est une option idéale pour gérer les données, contrairement aux méthodes traditionnelles de stockage des données.

Tout d'abord, les données stockées sur les blockchains ne peuvent jamais être modifiées et ne sont pas modifiées. Quiconque souhaite avoir accès aux informations stockées dans la blockchain sera sûr que l'information est vraie car il n'y a aucun moyen d'empêcher modifier les données. Les capacités de décentralisation de la blockchain peuvent également la rendre hautement sécurisée car il n'y a pas de faille de sécurité unique. Dans les centres de données traditionnels, les pirates peuvent être en mesure de prendre, d'effacer ou de modifier des données s'ils parviennent à percer les mécanismes de sécurité en place pour les installations. Cependant, le réseau décentralisé qui est à la base de la technologie blockchain signifie que même si les pirates peuvent accéder à un ou plusieurs nœuds, il y aura des milliers de nœuds dispersés dans le monde entier. Les avantages de la blockchain pourraient lui procurer un avantage et pourraient être une raison majeure de son adoption par les entreprises qui ont besoin de la gestion des données.

Les implications de l'utilisation de la technologie blockchain pour le stockage des données par les entreprises pourraient devenir une réalité dans les prochaines années. Au niveau de l'entreprise, les entreprises peuvent s'attendre à gérer plusieurs centaines, voire des millions de fichiers numériques différents chaque jour. Tous peuvent être connectés à NFT spécifiques, ce qui leur permettra de distinguer les différents fichiers et de s'assurer qu'ils sont accessibles. Ce que cela pourrait avoir pour le marché NFT, c'est que, à mesure que les entreprises accélèrent l'adoption du NFT pour généraliser l'utilisation, l'acceptation et le consensus autour des NFT comme substitut aux fichiers numériques gagneront en force. Au fur et à mesure que le monde progresse vers ce consensus sur la façon dont les NFT devraient être définis, les NFT augmenteront progressivement leur valeur en raison de leur lien avec des actifs et des fichiers numériques.

L'un des plus grands inconvénients de la technologie blockchain est cependant le fait qu'une énorme quantité d'énergie est utilisée pour faire fonctionner le système, ce qui peut être extrêmement nocif pour l'environnement et dommageable pour l'environnement. C'est pourquoi les écologistes ont exprimé leurs inquiétudes et ont critiqué l'utilisation croissante de technologies comme la blockchain. Il s'agit d'une préoccupation valable car la nature non durable de la technologie blockchain pourrait finir par être sa chute lorsque les problèmes environnementaux sont mis en évidence.sur la maîtrise technologique. La grande quantité d'électricité consommée est due au mécanisme de preuve de travail qui pilote la majorité de la blockchain de nombreuses crypto-monnaies. Cependant, Ethereum 2.0 offre une solution efficace à ce problème en passant à la méthode Proof-of-Stake, qui est plus respectueuse de l'environnement car elle ne nécessite pas la même quantité d'électricité pour exécuter les processus miniers. La partie prenante peut être assurée que les préoccupations environnementales seront prises en compte et que ces défis seront éliminés. Une fois le passage au PoS terminé, il est possible que les problèmes environnementaux ne menacent plus la survie d'Ethereum et des NFT.

## 8.6 Après un Smart Money

L'une des règles fondamentales de l'investissement est de suivre le chemin de l'argent intelligent. L'argent intelligent est l'argent détenu par des experts qui ont plus d'expérience et qui sont susceptibles de mieux reconnaître les tendances changeantes. En général, le mouvement de l'argent intelligent aux industries et aux actifs est généralement et est suivi par eux qui font extrêmement bien en termes de création de rendements pour les investisseurs. Pour les NFT, il est évident qu'une partie substantielle de l'argent intelligent s'est retrouvée dans les nombreuses initiatives et startups qui cherchent à se concentrer sur les NFT.

Des chèques de grande envergure ont été effectués par des capital-risqueurs en soutien aux startups opérant sur la scène NFT. Dapper Labs, une société de blockchain qui a apporté des contributions substantielles à la croissance des NFT, a eu une valorisation de 2 milliards de dollars d'ici 2021, après avoir reçu la somme de 250 millions de dollars de fonds spéculatifs comme Coatue. Ces investissements suggèrent une demande croissante pour le marché des NFT de la part des investisseurs institutionnels, ce qui signifie que nous pourrions assister à une augmentation du capital des institutions consacrées aux NFT. Au fur et à mesure que davantage de capitaux sont versés dans les NFT en général et dans l'espace NFT en particulier, nous pourrions avoir une plus grande quantité de liquidités dans les transactions NFT, ce qui est généralement une indication d'investissement positif. Les startups qui reçoivent plus de soutien financier consacreront probablement également des ressources importantes au développement des capacités NFT à leur potentiel maximum. Dans l'ensemble, les possibilités d'investissement dans le domaine des NFT sont grandes et les investisseurs sont invités à faire l'effort de se renseigner sur le marché avant d'investir dans les NFT.

## Chapitre 12 : Avantages des NFT

Avec tout le battage médiatique autour des NFT, il vaut la peine de se demander s'il y a des avantages à utiliser les NFT par rapport à d'autres actifs basés sur la blockchain.Il y a plusieurs avantages lorsque vous détenez des NFT par rapport à divers types d'investissements. Voici les avantages et avantages les plus significatifs des NFT :

## LA POSSESSION

Il n'est pas surprenant que le principal avantage des NFT est qu'ils ont un propriétaire identifiable et spécifique. Par conséquent, le propriétaire de NFT contrôle totalement ses actifs, contrairement à d'autres crypto-actifs. En effet, le NFT est unique et ne peut pas être dupliqué ou dépensé deux fois. Il n'y a aucun problème dans ce type de "vol" de l'objet de valeur dans ce scénario. L'un des avantages de la non-fongibilité est le fait qu'il n'est pas soluble dans l'eau. Ils ne sont pas non plus divisibles et présentent un avantage supplémentaire. La personne qui est propriétaire d'une transaction non financière (NFT) n'est pas en mesure de "diviser" ses actifs en plus petits morceaux. Dans le cas d'un exemple, si vous possédez une image, vous êtes le seul propriétaire de cette œuvre. Il n'y a pas un seul pour ce qui pourraient être échangés ou vendus. Ils sont également indissociables puisqu'il s'agit de fichiers ou d'enregistrements numériques, ce qui les rend incassables. Il est impossible pour une raison technique de diviser physiquement un NFT en deux parties identiques ou de toute autre manière. Il est possible de faire des copies du NFT au format numérique et d'échanger ou de vendre le duplicata comme alternative à l'actif d'origine à condition qu'il y ait accès à l'élément d'origine.  En raison de la non-fongibilité et de la propriété des NFT, les propriétaires de ceux-ci ont un contrôle total sur leur assistance et la seule personne qui peut les utiliser pourrait revendiquer la propriété en raison de leur demande.  Par conséquent, lorsque les NFT sont utilisés dans des applications ou des jeux, les développeurs ainsi que les utilisateurs peuvent être assurés que leurs informations sont sécurisées.  Exemple : si vous avez acheté un objet rare dans le cadre d'un concours ou d'un programme que vous avez gagné, vous pouvez être sûr qu'il est sûr et que personne ne peut revendiquer la propriété de l'objet en question. Étant donné que votre actif n'est pas fongible, il n'y a aucune possibilité de perdre votre investissement dedans.

## TRANSFÉRABILITÉ

De plus, l'un des avantages des NFT est qu'ils sont faciles à transférer entre les personnes. Cela est possible grâce à la capacité de la blockchain à faciliter le suivi des transferts de jetons non fongibles. De plus, parce qu'ils peuvent être identifiés avec un numéro d'identification unique, les NFT sont beaucoup plus transférables que la plupart d'autres actifs basés sur la blockchain.

 Le propriétaire de l'actif peut utiliser un numéro d'identification pour échanger ou vendre l'article rapidement et facilement sans fournir de détails supplémentaires. Les joueurs de jeux et d'applications qui utilisent les NFT peuvent en tirer profit car cela leur facilitera la vente ou l'échange de leurs biens.  En utilisant un système d'enchères basé sur la blockchain qui est intégré au jeu, le créateur du jeu pourrait permettre aux joueurs d'échanger ou de vendre rapidement leurs objets précieux en échange d'autres objets.  Cela peut être accompli en utilisant la simple identification des transactions à la placeinvestissement dedans.

## TRANSFÉRABILITÉ

De plus, l'un des avantages des NFT est qu'ils sont faciles à transférer entre les personnes. Cela est possible grâce à la capacité de la blockchain à faciliter le suivi des transferts de jetons non fongibles. De plus, parce qu'ils peuvent être identifiés avec un numéro d'identification unique, les NFT sont beaucoup plus transférables que la plupart d'autres actifs basés sur la blockchain. Le propriétaire de l'actif peut utiliser un numéro d'identification pour échanger ou vendre l'article rapidement et facilement sans fournir de détails supplémentaires. Les joueurs de jeux et d'applications qui utilisent les NFT peuvent en tirer profit car cela leur facilitera la vente ou l'échange de leurs biens. En utilisant un système d'enchères basé sur la blockchain qui est intégré au jeu, le créateur du jeu pourrait permettre aux joueurs d'échanger ou de vendre rapidement leurs objets précieux en échange d'autres objets. Cela peut être accompli en utilisant la simple identification des transactions à la place de fournir beaucoup plus d'informations sur l'objet, y compris sa place dans le jeu, ou le degré de rareté, comme cela est requis maintenant. Envisagez la possibilité d'une galerie d'art numérique qui permette aux gens de vendre ou d'échanger leurs œuvres d'art numériques rapidement et efficacement. Les systèmes basés sur la blockchain pourraient être utilisés pour suivre la propriété d'un art numérique et permettre aux acheteurs d'échanger ou de vendre leurs biens rapidement et efficacement avec un identifiant unique associé à leurs articles.

**AUTHENTICITÉ**

La crédibilité des NFT est un autre avantage important. La raison en est que la blockchain vous permet de montrer l'authenticité d'un actif. Il est possible d'être certain que les produits que vous utilisez sont authentiques et non faux dans le cas, par exemple, lorsque vous jouez à un jeu vidéo ou utilisez une application qui utilise des NFT. Un explorateur de blockchain, tel qu'Etherscan.io ou une signature électronique ou une empreinte digitale d'un actif utilisé dans le jeu ou l'application pourrait être utilisé pour le déterminer.

Ainsi, les développeurs pourront prouver rapidement et clairement que leurs produits sont authentiques et n'ont été ni copiés ni modifiés de quelque manière que ce soit. Les utilisateurs se sentiront plus en sécurité lorsqu'ils échangeront, achèteront ou vendront des NFT dans des jeux et des applications grâce à cela. De plus, la légitimité des NFT permet aux développeurs de suivre le nombre de fois qu'un élément a été utilisé dans leurs applications.

Par conséquent, il est facile de connaître le nombre de fois que l'article a été utilisé et la fréquence à laquelle il a été vendu ou acheté. Il est possible de le faire en examinant le nombre de transactions via la blockchain avec un explorateur de blockchain. Les développeurs peuvent identifier rapidement la notoriété de leurs actifs et la valeur qu'ils pourraient offrir sur le marché.

## SÉCURITÉ

L'un des principaux avantages des NFT est qu'ils sont sûrs. Étant donné que chaque NFT est identifié par un numéro d'identification qui est unique Il n'est pas possible pour quiconque de "copier" ou de "cloner" l'un de ces appareils. Cela signifie que vous pouvez être sûr que vos objets de valeur sont en sécurité et qu'ils ne seront pas pris ou dupliqués par un tiers à tout moment dans le futur.

Dans les jeux et les applications qui utilisent des éléments inhabituels comme méthode de récompense ou de réussite pour les joueurs impliqués, cela peut être particulièrement pertinent lorsqu'il s'agit d'utiliser des NFT. Il est possible d'être sûr que les récompenses que vous offrez aux joueurs qui atteignent certains objectifs dans un jeu qui utilise des NFT ne sont pas contrefaites car les NFT ne peuvent en aucun cas être reproduits ou manipulés.

## PERSONNALISATION

La possibilité de personnaliser les NFT est un autre avantage important. Cela est dû au fait que les utilisateurs et les développeurs peuvent facilement modifier les NFT pour représenter tout ce qu'ils veulent. Imaginez qu'un concepteur de jeu crée une toute nouvelle épée virtuelle pour son jeu, que les joueurs peuvent utiliser pour combattre leurs ennemis. C'est appelée l'épée virtuelle.

Ensuite, ils peuvent modifier l'apparence de l'épée en choisissant parmi un ensemble d'éléments qui définissent les caractéristiques de l'épée, notamment sa longueur, sa taille, son poids et le nombre de points d'attaque ainsi que d'autres facteurs. Au début, les joueurs pourront collecter différentes épées, chacune ayant des caractéristiques et des caractéristiques uniques qui pourraient leur donner un avantage sur leurs adversaires lors du jeu.

Il est également possible pour les développeurs de créer des types d'actifs "génériques" qui peuvent être modifiés par les utilisateurs grâce aux modifications des NFT. Prenons l'exemple suivant où un développeur d'applications crée un avatar d'épée sans aucune caractéristique ou métrique particulière qui lui est associée. De plus, ils peuvent permettre aux utilisateurs de personnaliser leur arme avec des attributs et des statistiques supplémentaires via un éditeur dans le jeu ou un mécanisme intégré dans l'application du programme lui-même.

Épées personnalisées créées parles joueurs avec des attributs et des statistiques uniques basés sur leurs goûts et préférences individuels peuvent être utilisés dans le jeu ou dans l'application.

Il est possible pour les développeurs de créer des actifs individuels qui représentent tout ce qu'ils veulent en raison de la possibilité de modifier les NFT. Cela peut être fait en modifiant simplement les caractéristiques et les statistiques d'un actif, en plus de l'image de l'actif de l'élément lui-même.

## SANS PERMISSION

Les NFT ne nécessitent pas d'autorisation est un avantage majeur. Cela est dû au fait que les NFT peuvent être utilisés par n'importe qui à tout moment sans avoir besoin de l'approbation de qui que ce soit. Les développeurs pourront créer rapidement et facilement de nouveaux jetons et actifs pour leurs jeux et applications sans demander l'autorisation de qui que ce soit d'autre.

Cela permet aux développeurs d'avoir un niveau de flexibilité impossible dans d'autres actifs basés sur la blockchain, tels que les devises ou les jetons. De plus, ils n'ont pas à s'inquiéter des limitations sur le type d'assistance qu'ils pourraient développer ou la variété d'actifs qu'ils peuvent inclure dans leurs applications et jeux vidéo.

De plus, la nature sans autorisation des NFT permet aux utilisateurs de vendre ou d'échanger facilement leurs actifs sur le marché libre sans avoir à obtenir l'approbation de qui que ce soit d'autre. Cela permet aux utilisateurs de vendre ou d'échanger leurs biens facilement et rapidement. Il fournit également un environnement sécurisé qui leur permet d'échanger ou de vendre leurs articles sans avoir à se soucier de la confidentialité de leurs données personnelles.

Il est également avantageux pour les développeurs car la nature non sans autorisation des NFT leur permet d'intégrer plus facilement leurs propres actifs dans des applications ou des jeux pour cette raison. C'est parce qu'ils ne sont pas limités par des restrictions concernant le type d'investissements qu'ils peuvent faire ou la quantité d'actifs qu'ils peuvent fournir.

# Chapitre 13: Les inconvénients des NFT et de la crypto-monnaie

Les organisations à but non lucratif, (NFT) peuvent être une opportunités ouvertes aux musiciens, il y a des inconvénients et des risques dont vous devez tenir compte.

Le droit d'auteur et la propriété sont des concepts clés à saisir.

Le vol d'œuvres d'art est de plus en plus courant dans les NFT. Des rapports récents ont fait état de mois d'artistes découvrant leur travail vendu sur Internet et annoncés comme des jouets non fonctionnels (NFT) sans leur permission ou leur connaissance.

Cela est dû au fait que la base sur laquelle fonctionnent les NFT a été développée il y a quelques années et qu'elle n'a pas été modifiée pour refléter la manière dont les internautes peuvent échanger et vendre des actifs qui ne sont pas décentralisés comme l'art.

Une version antérieure des NFT a été intégrée dans un "jeu" de 2017 connu sous le nom de CryptoKittties et est basée sur l'idée que l'informatique quantique pourrait être utilisée. Un petit nombre de chats virtuels (vendus sous forme de NFT) étaient disponibles à l'achat et les joueurs pouvaient les élever avec d'autres joueurs du jeu. Mais, comme les NFT ont été créés entre les mains des développeurs de jeux à l'époque, ils n'étaient disponibles que dans l'environnement de ce jeu spécifique.

Étant donné que les créateurs possédaient les droits exclusifs sur les animaux pouvant être achetés ou vendus, l'utilisateur n'était pas en mesure de télécharger une copie d'un chat à vendre ou à utiliser à son profit. Étant donné que les créateurs avaient un contrôle total sur qui était capable de développer de nouveaux chats et avaient également un contrôle total sur le nombre de chats disponibles sur le marché à un moment donné. Le marché des races de chats ne se développerait pas à cause de cela.

Cependant, lorsqu'il s'agit de l'industrie de l'art, les créateurs de NFT (dans ce cas, les artistes numériques) ne contrôlent pas comment ni où leur travail est affiché et vendu. L'artiste de Wellington Pepper Raccoon soutient que c'était un problème avant l'avènement des NFT dans l'image et la vision que les NFT veulent donner aux artistes n'est pas comme cela semble être surface.

"Je ne crois pas que les NFT puissent être efficaces pour résoudre tous les problèmes qu'ils réussissent à résoudre. Il s'agit de vendre de l'espoir." Comme nous l'avons déjà dit, l'avantage pour les NFT réside dans le fait que leur document de travail est une garantie que l'article d'origine que vous avez acheté est accompagné d'un jeton unique, ce qui signifie que le propriétaire de celui-ci est conscient qu'il possède un " original." Le problème est que quelqu'un pourrait prendre le JPG et le mettre sur un autre marché, avec un autre jeton associé, puis le vendre plus tard avec un profit. "Là, il n'y a pas d'original."

Qui a le pouvoir de « monnayer » un NFT et qui ne l'a pas ? La réponse est simple : l'artiste doit avoir tout le contrôle sur la production et la distribution de son œuvre (c'est-à-dire le nombre de versions « originales » proposées à la vente) ainsi que sur les lieux où son œuvre est mise à disposition à l'achat. Cependant, en raison de la symbiose sur le web, transformer l'idée utiliser est un défi.

Si vous pensez aux défis financiers auxquels les artistes ont été confrontés au cours de la dernière année, il n'est pas surprenant que l'idée de vendre leur travail en ligne soit attrayante. Il n'est pas difficile de comprendre les raisons pour lesquelles certains artistes se sont tournés vers la vente de leur travail dans des éléments non financiers (NFT) pour survivre lorsque vous ajoutez le monde récent et en vogue de la crypto-monnaie. Au final, les artistes doivent mener une enquête sur les plateformes qui promeuvent des œuvres originales, puis choisir les articles qui sont vendus pour éviter que leur travail ne soit volé par d'autres artistes.

"Il existe de nombreuses autres options de vente d'œuvres d'art numériques disponibles]", explique Raccoon. "Art Grab est un site Web impressionnant qui a été lancé récemment et accepte l'argent en fiat comme mode de paiement. Vous pouvez obtenir une licence pour les images, puis elles seront supprimées du Web, et vous serez propriétaire de cette image. C'est juste de l'argent normal étant employé.Basé sur la façon dont il est arrangé est une appréciation de l'artiste, pas simplement en mettant en place un million de dollars de marchandises. Comme je le considère, je pense que c'est extrêmement organisé et je pense que cela a beaucoup à voir avec la façon dont la valeur est définie. Au lieu de dire "voici un échange avec huit millions de jetons anonymes que vous pouvez acheter", il déclare : "Ce sont des artistes dont nous sommes convaincus, des artistes qui font des activités innovantes et défient les frontières" au lieu de "voici un marché anonyme pour les jetons dans lequel vous pouvez acheter."

**Environnement**

Semblable à la façon dont il est vrai que le mécanisme NFT est obsolète. La blockchain Ethereum, la plate-forme sur laquelle les NFT sont construits est également obsolète et incapable de suivre le rythme de l'ampleur et du volume de l'adoption mondiale et rapide.

Ether Ether (crypto-monnaie) qui se trouve dans la blockchain Ethereum d'Ethereum, ainsi que son homologue Bitcoin peuvent être "extraits" (ou "produits")par des gens normaux qui utilisent des ordinateurs pour résoudre des problèmes mathématiques. Les personnes qui exploitent les pièces les reçoivent pour les remercier de leur travail d'exploitation de la crypto-monnaie. Plus les pièces augmentent, plus les autres personnes sont incitées à s'impliquer dans l'exploitation minière. C'est fondamentalement une relation symbiotique que si je me gratte, alors je ferai la même chose avec moi et vice versa.

Le problème est que l'énergie nécessaire au minage de Bitcoin ou d'Ethereum est énorme. Prenez ceci par exemple, la puissance nécessaire pour créer le nouveau Bitcoin produit une plus grande émission de dioxyde de carbone que toute la nation d'Aotearoa pour le mettre en perspective. Selon les estimations, Bitcoin est en passe de dépasser la consommation totale d'énergie de Londres.

"Une seule œuvre d'art vendue dans le cadre d'une transaction non financière consomme environ deux semaines d'énergie de la maison en une seule transaction", explique Raccoon. "

Un nombre croissant de marchés NFT envisagent de passer d'un système de "preuve de travail" (dans lequel les ordinateurs doivent résoudre certaines équations mathématiques pour créer la nouvelle monnaie) à un système de "preuve de mise" (dans lequel les pièces sont produites en plaçant des paris sur un résultat) (dans lequel les joueurs doivent prouver la propriété de leurs pièces afin de créer de nouvelles pièces ). C'est pourquoi les systèmes d'enjeux prouvables (également appelés système de preuve d'enjeu) ont tendance à devenir de plus en plus populaires.

Les utilisateurs pourraient effectivement montrer qu'ils sont propriétaires d'une partie du terrain (ou blockchain) et ainsi augmenter la valeur de l'actif, et permettre également la création de nouveaux blocs qui créeront plus de valeur.

Ce changement radical pourrait-il avoir un impact positif sur les effets de réchauffement de la technologie blockchain ? Peut-être juste pour une courte période. Mais les émissions de carbone associées à l'exploitation minière d'Ethereum ou de Bitcoin augmentent rapidement, ce qui nécessite une quantité substantielle de recherche et de développement pour résoudre pleinement le problème. Ce type d'innovation est coûteux en temps et d'argent à court terme, les avantages économiques l'emportent sur les impacts environnementaux qui seront à long terme pour ceux qui y participent.

Les impacts environnementaux de l'exploitation minière d'Ethereum ont incité certains artistes à mettre fin complètement à leurs efforts NFT jusqu'à ce que des méthodes plus respectueuses de l'environnement puissent être utilisées.

Obstacles qui empêchent l'entrée ainsi que la circulation de l'argent

De nombreuses personnes influentes et riches à travers le monde investissent dans Ethereum et, par conséquent, elles souhaitent vivement voir la crypto-monnaie se développer. Selon Raccoon ces investisseurs qui effectuent les chèques colossaux qui ont défrayé la chronique ces dernières années. Selon l'écrivain, "les plus grandes acquisitions d'art que vous pouvez voir se produire, telles que l'achat de Beeple pour 69 millions de dollars d'œuvres d'art et l'achat de 69 millions de dollars d'œuvres d'art de Beeple, ont été faites par une personne investie dans la croissance de la crypto-monnaie".

En raison de la structure en « pyramide » qui est inhérent à sa méthode NFT, il peut être extrêmement difficile pour les artistes qui débutent de grimper au sommet de l'échelle. Beaucoup d'artistes ont du mal à promouvoir leur travail du fait qu'ils n'ont pas de suite ni même de nom. Selon les mots de Raccoon, "les individus au plus haut dans la hiérarchie qui se sont déjà établis, les artistes qui ont sorti des NFT et qui ont un énorme succès, sont ceux qui gagnent le plus d'argent". "Une majorité de gens croient en la possibilité de gagner des milliers voire des milliers de dollars mais, en fait, c'est un autre marché de l'art traditionnel concentré", selon l'auteur de la publication.

Que peuvent faire les artistes ?

Le Rappeur laveur n'a pas peur d'exprimer ses opinions.

"Attendez et regardez", conseille-t-elle, elle ajoute que "la notion d'imagination de la valeur doit être considérée avec prudence". Si on vous vend l'idée que votre travail vaut quelque chose qui n'est pas réel - ou à une valeur virtuelle en ligne et que vous pouvez gagner de l'argent grâce à votre travail. Il est crucial de penser à l'endroit où va votre argent.

C'est pourquoi je crois que le reporter est la méthode d'action la plus efficace."

Il est important de noter que le marché NFT en est à ses débuts, comme d'autres marchés émergents, il est confronté à certains problèmes avec ses dents et suscite plusieurs inquiétudes sérieuses quant à son avenir. Allons-nous le voir comme un désastre? Ou va-t-il devenir une plate-forme plus facile à contrôler qui réduira le risque de violation du droit d'auteur ainsi que les systèmes d'alimentation existants qui prévalent actuellement sur le marché ? Existe-t-il de nouvelles plates-formes plus efficaces pour aborder les éléments technologiques à forte intensité énergétique dans un avenir proche ?


 Il faudra du temps pour répondre à ces questions.  Bien qu'il y ait eu des discussions sur la folie et les aspects éthiques des organisations à but non lucratif (NFT), le plus important est que les artistes doivent pouvoir gagner un revenu grâce à leur travail sans se soucier de la création d'un système pyramidal non durable, de la destruction de l'équilibre écologique de la Terre ou des opinions de leurs collègues.

Il est peut-être vrai que ce marché NFT a créé une discussion importante sur la façon dont les artistes peuvent tirer un revenu de la vente de leur travail dans un monde qui devient de plus en plus centralisé.

Selon Raccoon, investir dans une stratégie "devenir riche rapidement" qui nuit à l'environnement est moralement répréhensible et préjudiciable. "Les artistes doivent être honnêtes et avoir un but", ajoute-t-il. L'impact de la vente d'œuvres d'art non traditionnelles (NFT) peut être important car une partie importante du marché de l'art est si complètement décalée que vous perdrez certains de vos spectateurs, et les artistes doivent décider si le risque est ça vaut vraiment le coup."

Lorsque vous considérez la réaction négative envers les artistes qui utilisent des méthodes non conventionnelles pour gagner de l'argent un revenu, il est crucial de garder à l'esprit que ces artistes ne sont pas la cause du problème.

Bien qu'il soit conscient qu'il peut être simple de critiquer ou de critiquer d'autres artistes pour avoir participé à des NFT, dit Raccoon, "nous devons être une communauté en dernière analyse. Les artistes devraient encourager des moyens durables de gagner un revenu". "[Les artistes] ne sont pas les responsables du problème ; c'est plutôt la méthode par laquelle Ethereum est construit et aussi ceux qui profitent d'Ethereum qui sont à l'origine du problème."

## Il y a de vrais inconvénients à la crypto-monnaie

Une grande partie du temps a été consacrée à louer les avantages de la technologie blockchain et de la crypto-monnaie tout au long de cet article. D'un autre côté, les inconvénients de la crypto-monnaie ont été une raison pour certains (comme le célèbre gourou de l'investissement Warrant Buffet) de les qualifier de prochaine "bulle" dans le monde de la finance. Reconnaître et comprendre les négatifs et les obstacles qui pourraient entraver l'acceptation à grande échelle de ces technologies sont essentiels à cet égard. Notamment,

## Inconvénient #1 Évolutivité

Les défis associés à la mise à l'échelle qu'offrent les crypto-monnaies sont les problèmes les plus importants. Bien que la quantité de monnaies numériques ainsi que leur utilisation augmentent rapidement, elles sont loin derrière le volume de transactions que le géant des paiements VISA est capable d'effectuer chaque jour. De plus, la vitesse des transactions est une autre mesure importante avec laquelle la crypto-monnaie ne pourra pas rivaliser sur un pied d'égalité avec des entreprises comme VISA ainsi que Mastercard jusqu'à ce que le système prenant en charge ces technologies soit massivement augmenté. Il s'agit d'un processus compliqué et difficile à accomplir dans un processus transparent. Mais, d'autres chercheurs ont proposé une variété d'options pour résoudre le problème de l'évolutivité, comme les réseaux Lightning.et le partage et le jalonnement ainsi que d'autres alternatives à considérer.

**Inconvénient #2 : Préoccupations en matière de cybersécurité**

Puisqu'il s'agit d'une technologie numérique, ils sont sensibles aux failles de cybersécurité et pourraient se retrouver entre les mains de cybercriminels. Il y a déjà des preuves de cela avec plusieurs premières offres de pièces (ICO) piratées et des investisseurs perdant des millions de dollars juste au moment de l'été (l'un de ces piratages à lui seul a entraîné la perte de 473 millions de dollars entre les mains des investisseurs). Bien sûr, réduire le risque nécessite un entretien continu des infrastructures de sécurité mais on voit déjà de nombreux acteurs s'en occuper directement et prendre des mesures de sécurité renforcées supérieures à celles utilisées dans les banques classiques.

La volatilité des prix et l'absence de valeur intrinsèque sont les trois points négatifs restants.

Dans la volatilité des prix du marché des crypto-monnaies et son lien avec l'absence de valeur intrinsèque, à devenir un enjeu important. C'est l'un des points que Buffet a explicitement mentionnés au cours des dernières semaines lorsqu'il a décrit l'écosystème de la crypto-monnaie comme étant dans une bulle économique. C'est une préoccupation légitime cependant, elle pourrait être résolue en liant clairement la valeur du bitcoin à des éléments tangibles et intangibles (comme nous l'avons vu des acteurs émergents avec des diamants et des dérivés énergétiques). De plus, la confiance des consommateurs augmentera en raison de l'augmentation de l'adoption, ce qui contribuera à réduire la volatilité.

## Inconvénient 2 : Problèmes de cybersécurité

Dans ses remarques, Buffet a également abordé ce problème en disant "Cela n'a pas de sens". Il n'y a aucune réglementation à suivre pour cela. C'est hors de contrôle et incontrôlable. Les banques centrales ou même une comme la Réserve fédérale des États-Unis ou toute autre banque centrale ont autorité sur elle. Je n'ai aucune confiance dans cette entreprise. "Je crois qu'il va tomber par terre."

Si nous pouvons développer la technologie pour le point de perfection et éliminer tous les problèmes mentionnés précédemment. Si cela se produit cependant, il y a plus de risques à investir dans la technologie jusqu'à ce qu'elle soit approuvée et contrôlée par le gouvernement des États-Unis.

La plus populaire des préoccupations concernant la technologie est opérationnelle dans le sens où elle est logistique. Un exemple de ceci est la modification des procédures, qui est essentielle à mesure que la technologie se développe, peut prendre beaucoup de temps et entraîner un ralentissement du processus commercial normal. .

La conclusion clé est la suivante :

Avec tous les défis possibles à une adoption généralisée, il est normal que des professionnels expérimentés soient sceptiques à l'égard d'investisseurs comme Warren Buffet qui souhaiteraient rester en sécurité en ce qui concerne la technologie. Cependant, nous sommes sûrs que la crypto-monnaie (ainsi que dans le domaine de la blockchain) sera utilisée pendant un bon moment. Ils offrent de nombreux avantages que les gens recherchent aujourd'hui dans une crypto-monnaie comme la décentralisation, la transparence et la capacité d'être flexible ne sont que quelques-uns des avantages qu'ils apportent. La discussion devrait être étendue pour englober tout ce que la technologie blockchain a le potentiel de fournir dans une variété d'industries renforce encore cette affirmation.

# Chapitre 14 : Vendre et fabriquer du NFT

Si vous souhaitez essayer de créer le NFT en utilisant votre art numérique, ceci est un didacticiel étape par étape.

De nombreux artistes réfléchissent maintenant à ce qu'ils peuvent faire pour promouvoir et construire un NFT. Ils suscitent toujours débat et fureur en raison du prix élevé auquel certaines œuvres NFT sont vendues. Il est naturel d'être intéressé à savoir si les NFT sont un moyen de gagner de l'argent avec votre travail. Si tel est le cas.

Ce livre vous aidera à savoir comment construire ou vendre NFT si tel est le cas.

Mais, ce ne sont pas des circonstances courantes et, même s'ils sont capables de reproduire leur succès, vous remarquerez que la majeure partie des fonds ne vous revient pas. Les entreprises qui facilitent les transactions et les plateformes qui créent et maintiennent les NFT doivent payer aux artistes NFT divers frais avant et après chaque vente. Ils pourraient même vous retirer de l'argent en fonction du prix de vente de votre travail.

Il existe actuellement plusieurs sites Web en ligne qui vous permettent de créer ou de vendre des NFT. Sites d'enchères populaires pour l'achat et la vente de NFT incluent OpenSea, Rarible, SuperRare, Nifty Gateway, Foundation, VIV3, BakerySwap, Axie Marketplace et NFT ShowRooom. Les choix de paiement sont MetaMask, Torus, Portis, WalletConnect, Coinbase, MyEtherWallet et Fortmatic.

Achetez la crypto-monnaie Ethereum. Ether peut être utilisé sur la grande majorité des plateformes.

Au début, vous devrez payer une plate-forme "menthe" (ou créer) votre article. La majorité des plates-formes veulent payer le coût avec de l'éther, une crypto-monnaie utilisée par la plate-forme de blockchain open source Ethereum qui a été la première plate-forme où les NFT ont été lancés.

Gardez à l'esprit que le prix de l'éther (abrégé en ETH) change radicalement, tout comme le bitcoin et les autres crypto-monnaies. D'un peu moins de 1 000 dollars en 2021 à près de 4 800 dollars en 2021. De nombreux pics et vallées entre les deux sont connus pour changer par centaines en quelques minutes seulement. Pour acheter Ethereum, il est nécessaire de mettre en place un "portefeuille numérique " puis de le connecter à la plateforme NFT que vous préférez. Il existe de nombreux fournisseurs de portefeuilles numériques parmi lesquels choisir, mais nous utiliserons MetaMask qui est disponible en tant qu'extension basée sur un navigateur et application mobile pour y parvenir. Si vous préférez utiliser un autre fournisseur, ou si vous êtes déjà à l'aise avec le concept des portefeuilles numériques et que vous en avez un, passez à l'étape 4.

## Faire un portefeuille électronique

Pour créer un porte-monnaie électronique MetaMask, visitez le site Web et cliquez sur "Télécharger" dans le coin inférieur droit du bouton "Télécharger" qui se trouve dans le coin supérieur droit. Puisque nous utilisons un ordinateur de bureau, nous téléchargeons l'extension de navigateur, mais il existe également une application pour les appareils mobiles.

Lorsque vous ouvrez votre premier portefeuille, il vous sera demandé de créer un nouveau portefeuille et une phrase de départ. Il n'est pas nécessaire de réfléchir à ce qu'est une "phrase de départ" est (c'est simplement une collection de mots qui enregistrera les informations de la blockchain). Si vous êtes un oui, il s'agit simplement de confirmer les termes et conditions, d'établir un mot de passe de compte, puis d'effectuer quelques contrôles de sécurité pour vous assurer que votre compte est opérationnel.

**Ajoutez de l'argent à votre compte**

Après avoir créé le compte MetaMask (ou un autre portefeuille numérique), vous devrez le rembourser en utilisant Ethereum. C'est simple : cliquez simplement sur le bouton Acheter et choisissez Wyre comme méthode de paiement. Ensuite, vous serez redirigé vers un site Web où vous pourrez acheter Ethereum avec Apple Pay ou une carte de débit. Vous êtes libre d'aller de l'avant même s'il n'y a pas besoin de dépenser de l'argent pour le moment ; tout ce que vous avez à faire est d'attendre quelques minutes de plus.

## La connexion de votre compte bancaire à la plateforme NFT

La procédure de création d'une porte-monnaie électronique est identique sur toutes les plateformes. Une fois que vous avez de l'Ethereum dans votre portefeuille numériqueà dépenser, vous pouvez choisir la plateforme NFT que vous aimez et commencer à créer votre NFT. Nous utiliserons Rarable pour illustrer, mais il existe de nombreuses plates-formes NFT à étudier.

Rarable est l'un des nombreux marchés en ligne qui vendent des objets de collection numériques.

Rarable est disponible via Rarable.com. Dans le coin supérieur droit de la page, il y a un bouton qui lit "Connect Wallet. Cliquez ici pour lier votre portefeuille à MetaMask. Une fenêtre pop-up s'ouvrira vous demandant de rejoindre votre compte avec Rarable. Choisissez

"Oui" Puis "Connectez-vous" et acceptez les conditions d'utilisation avant de vérifier votre âge.

# Téléchargement de votre fichier

Bien que les GIF puissent être utilisés pour créer des NFT, nous vous suggérons de créer le fichier à l'aide d'un éditeur d'image comme Photoshop ou Paint.NET car ces logiciels donnent le contrôle complet du dimensionnement et de la netteté. Pour ce faire, vous devez suivre ces étapes : Lancer le programme que vous préférez, puis créez une nouvelle image de dimensions 256x128 avec des tons noir et blanc (si vous utilisez Paint.NET, assurez-vous que le mode avancé est activé). Copiez votre GIF dans la nouvelle image, puis réduisez-le pour l'adapter à l'image entière.

Vous êtes prêt à créer votre NFT immédiatement. Cliquez sur le bouton bleu "Créer" situé dans le coin supérieur droit. Après cela, vous avez la possibilité de choisir de créer une idée singulière ou d'offrir l'article exact à plusieurs reprises. Dans ce cas, choisissez "Single". Dans cette étape, vous devrez envoyer le fichier que vous souhaitez convertir en NFT. Rarible prend en charge les fichiers PNG, GIF, WEBP MP4 et MP3 d'une taille maximale de 30 Mo.

**Téléchargez votre fichier et vous pourrez ensuite le voir sur le côté droit, vous pourrez prévisualiser la publication NFT.**

Le processus de mise en place d'une enchère

Choisissez les paramètres d'enchères que vous souhaitez utiliser pour l'enchère.

Dans la section suivante sur l'application , vous devrez décider comment vous souhaitez commercialiser votre œuvre d'art NFT.

Trois options sont. Il existe trois options disponibles L'option "Prix fixe" vous permet de déterminer un prix, puis de le vendre immédiatement à quelqu'un (similaire à "Achetez cet article aujourd'hui sur eBay"). "L'enchère illimitée" est une autre option L'option "Enchère illimitée" permet aux autres enchérisseurs qui enchérissent de faire une offre.

Ensuite, "Timed Auction" est une enchère qui n'est disponible que pour une durée spécifique.  C'est celui que nous allons sélectionner pour notre instance. L'aspect le plus difficile commence par l'établissement d'un prix acceptable.  Ne le fixez pas trop bas et vous perdrez l'argent que vous gagnez sur chaque vente à cause du prix élevé.

Nous fixerons le prix à 1 ETH et offrirons aux acheteurs sept jours pour offrir. Après cela, vous pouvez l'acheter immédiatement, mais avant d'acheter, vous avez la possibilité de "Déverrouiller lorsque vous avez acheté".Cela vous permet de fournir à l'acheteur auprès duquel vous achetez une version complète de haute qualité de votre travail, ainsi que d'autres documents via une page Web masquée et des liens de téléchargement.

L'option intitulée "Choisir la collection" est l'une des options les plus déroutantes. C'est un problème technique concernant le fonctionnement de la blockchain. Le paramètre par défaut est "Rarible". Nous vous suggérons donc de le laisser tel quel.

**Incluez votre description NFT**

Vous pouvez maintenant ajouter un titre et une description à l'annonce de votre article. Pour améliorer vos chances de vendre un NFT, il est important d'envisager de réfléchir à l'idée.

Le questionnaire vous demandera de sélectionner la part des redevances que vous préférez recevoir dans le cas où votre travail serait vendu dans un proche avenir. Il s'agit de déterminer un nouvel équilibre. Des pourcentages plus élevés peuvent vous apporter plus de profit à long terme, mais ils empêchent d'autres personnes de vendre votre travail, car ils sont plus bas.chances de se faire un revenu. De plus, les propriétés du fichier peuvent être incluses dans un champ supplémentaire. Dans ce cas, vous avez presque terminé.

## Effectuer le paiement des frais

Cliquez simplement sur "Créer l'élément" pour commencer le processus de liaison. Il vous sera demandé de connecter votre compte s'il n'y a pas assez d'argent dessus. S'il n'y a pas assez d'argent sur votre compte ne vous inquiétez pas, il n'est pas nécessaire de recommencer à zéro. Cliquez sur l'icône du portefeuille située dans la partie supérieure droite de votre écran. Vous pouvez ajouter de l'argent directement dans Rarable.

Soyez conscient de cela avant de le faire. Le coût de l'inscription peut sembler assez faible. Cependant, ce n'est que le début des dépenses que vous rencontrerez. Pour générer votre NFT, vous devrez d'abord payer des frais supplémentaires de 42,99 $ avant de poursuivre dans notre cas.

En plus des coûts d'achat et de vente de NFT, il y a un montant de commission lorsque quelqu'un rachète votre bien, en plus des frais de transfert pour finaliser la transaction.

De notre point de vue, nous n'avons rien trouvé de suffisamment clarifié sur le site Web de Rarable lorsque nous avons tenté de l'utiliser.

www.ingramcontent.com/pod-product-compliance
Lightning Source LLC
Chambersburg PA
CBHW071348210526
45465CB00001B/24